歴史文化ライブラリー

9

江戸の旅人たち

深井甚三

吉川弘文館

目次

流動する現代社会と本書の課題

1　流動する現代社会と本書の課題

流動社会へ

一九八〇年代に絶頂期を迎えた日本の経済は、一九九〇年代に失速すると、これまで経済後進地域とされていたアジア諸国が経済発展をみることになり、低賃金労働に支えられた廉価な商品がアジア諸国から日本や世界へ輸出されるようになった。また、アメリカとの一段と厳しい経済競争も始まり、日本の企業もアジアの国々へ工場を移転させている。経済の世界化とともに、技術の進展により通信連絡についても個人がパソコンの利用により瞬時に世界各地の情報を入手したり、発信できるようになったが、パソコンの普及が事務職の大幅な削減を可能にするようになるなど、技術の進展は既成の職業の存続を脅かすことになった。

現在の日本社会は、これまで日本が経験したことのない時代を迎えているといわれている。戦後の日本は会社社会ともいわれたが、大企業の場合に約束されていたという終身雇用を信じる環境は崩れ、戦後を支えたホワイトカラーの人々の流動性は高まることになった。また、企業活動の国際化により、日本企業社員の海外への居住・移動は頻繁となった。さらに、少子化社会を迎えて若年労働力が少なくなっていくために、とりわけ汚れ仕事で肉体労働の低賃金労働の場では、今後一段と外国人労働者へ依存しなければ立ちゆかなくなるのは間違いない。要するに日本の社会は流動性を高めた社会となり、また外国や外国人との結び付きが強まり、国際社会へ開かれた社会へと変容しはじめているのである。

高度経済成長が始まるまでの日本社会は、江戸時代と変わらない姿の村や町が全国に残り、人々の意識も封建的といわれる古い意識が強く残っているとされた。とりわけ村社会は排他的で、よそ者を受けつけず、国鉄がその末期にディスカバー・ジャパンの宣伝文句で人々を全国の旅へ駆り立てるまでは、観光地以外の地方では一般の旅行者ですら警戒心を強くもたれたといわれている。北陸をはじめ日本海側の地域の中には、他所の出身者を旅行者同様に旅の者と呼ぶ所が多いが、村はもちろんのこと、居住者の移動が激しくない町の場合も、他所出身者は地元の者と同等には認めてもらえない所が多かった。土地の者は子々孫々までその土地に住み着く者、旅の者はいずれその土地を去り、別の地や出身地に移る者とされたためであろう。

本書の課題

人々の定着性が弱い時代を迎えようとしている時に、本書では江戸時代の旅人について取り上げるわけである。誰もがよそ者・旅の者となる可能性を強く持ち、また外国人を含めて数多くの旅の者と付き合う必要のある時代、土地の者の定着性が弱まる流動化の時代が、これからの日本社会といえるようである。近世以前の社会は人々の流動性が強い時代で、さまざまな職能の人々が遍歴して活動していたとされているが、こうした人々が町や村に定着していくのが江戸時代とされている。

本書では、『江戸の旅人たち』と題して、江戸時代の旅人に加えて江戸時代の旅そのものも取り上げ、次の観点から書いてみることにした。

第一に、寺社参詣や湯治その他の仕事以外で旅する旅人だけを扱うのではなく、土地に住み着いたよそ者イコール旅の者という視点から、農民・町人その他の江戸時代人の信仰や観光・遊山《ゆさん》の旅に加え、彼らの出稼ぎはもちろんのこと、転住その他の移動自体にも目を配りたい。また、村・町を訪れ、定着している住民に文化・情報をもたらすということで重視されている遍歴する人々や、女性・子供などの周縁階層といわれる社会的弱者の旅の問題にも重点を置くことにしたい。さらに、遍歴する旅人を受け入れる村・町の彼らへの対応に留意するのは当然ながら、右にふれたよそ者・旅の者への土地の人の対応についても注意してみてみることにしたい。

第二には、将軍その他の権威の旅から神仏・動物と旅のかかわりというように、さまざまな旅のあり方を取り上げ、また旅の儀礼や差別された人々の旅と旅の関係を取り上げるなかで、できるだけ江戸時代と江戸時代に生きた人々のあり方を捉えられるようにしてみたい。

第三は、直接の本題となる当時の旅そのもののあり方について、ふれられるのは限られた事柄にすぎないが、旅姿をはじめとする旅の具体相についても当然ながら取り上げることにしたい。

これまで江戸時代の旅と旅人をめぐっては、日本史以外にも民俗学・宗教学・国文学・歴史地理学などの研究者、さらには歴史考証家により多くの著作がまとめられている。本書では、筆者が日本史の江戸時代研究者であることを踏まえて、単に江戸時代の旅人や旅の様相について叙述するだけではなく、近年までの日本社会のあり方をつくりあげたという評価が行われるようになった江戸時代の社会と、その時代に生きた人々について、旅人や旅のあり方を通してうかがうことができるような執筆に心がけたい。また、当然ながらこれまでの研究にも学びながら、従来の研究では不十分な点や不明となっている点についても、文献史料だけによるのではなく、曼荼羅・浮世絵などの絵画資料も可能な限り使用しながら本書を記すように努めることにする。

なお、本書で使用した史料は、みな本文内に注記した。ただし岩波文庫・東洋文庫に収録されている著名な史料の場合、文庫名を省略して注記した。また、次の著名なシリーズの史料集に掲載されている史料は、収録書名を省略した。

原田伴彦他編『日本都市生活史料集成』(学習研究社)。

青木虹二他編『日本庶民生活資料集成』(三一書房)。

旅の環境

近世交通の形成

近世は、全国各地の農民や町人といった庶民が、はじめて遠方の土地へ社寺参詣や名所見物、湯治の旅に安心して出かけられるようになった時代である。こうした庶民の旅を可能にした背景には、庶民の暮らしの向上と、彼らの旅を可能にした交通環境の整備がある。

中世後期の旅

中世後期の政治を担った室町幕府には、全国の街道をきちんと整備する力はなく、宿駅制度さえ設けることができなかった。室町時代後期以降には、各地の街道に数多く設置された関所が旅人から関銭《せきせん》を徴収するために、旅人の負担は大きかった。

中世後期の天正三年（一五七五）に、薩摩から伊勢へ旅立った島津一門の島津家久一行の旅記録をみると、近世では武家が支払うことのなかった渡船賃を各渡し場で支払っている。また、関所で関銭を支払っている記事もみえるので、武家といえども領地を出れば渡船賃を支払うほかに、関所でも関銭を取られていることがわかる。もちろん、旅先の領主から免除されれば別であり、実際にある土地の領主から手形の過所を与えられて一行が渡船を無料で利用したことも記載されている（九州史料刊行会編『近世初頭九州紀行文集』）。永正十五年（一五一八）に伊達《だて》氏の使者、僧頤神軒存奭《いじんけんぞんせき》が北陸を通って京都へ向かった際の旅記録をみると、越後・越中の国境へ着くと越中守護代椎名氏の案内人が迎えに来ていた。このため国境の関所で関銭を支払わずに通行できたはずであるが、それでも彼は関所役人へ酒代を与えている。また、越中の水橋や岩瀬でも利用した渡船には渡船賃を支払っており、近江の坂本七関の山中関所では礼儀・祝言と称して関銭を支払っている（『大日本古文書』伊達家文書二）。

延徳三年（一四九一）の冷泉為広《れいぜいためひろ》・細川政元が越後へ下向した旅記録によると、越中通行に際しては北陸道の陸路をあまり利用せずに、船をできるだけ利用している。加賀に近い蓮沼からは小矢部川を利用して富山湾の湊町放生津《ほうじょうづ》へ出てしまい、同地から船で陸沿いに魚津などに宿泊しながら越後へ出ている（小葉田淳「冷泉為広卿の『越後下向日記』と越中の旅路」『富山史壇』九二)。中世後期の陸路の街道は、河川の整備が悪く各所でたびたび洪水などにより足止めをくい、また渡船の設けられていない所もあり、渡河が大変であった。長享三年(一四八九)に黒部川を渡った万里集九《ばんりしゅうきゅう》によると、一本の大竹竿《たけざお》に大勢の旅人がすがって川越えをするという危ないものであった(『梅花無尽蔵』)。こうした渡河の状況や関所の乱設、また治安が良くないため山間などは当然に危険であり、中世後期の旅は容易ではなく、越中ではこのため陸路だけでなく、船も盛んに用いられた。しかし、風波による危険があるため海路の船は決して安全なものではなかった。

中世交通から近世交通へ

中世後期に悪化した国内の交通状況は、各地に台頭したいわゆる戦国大名の領内で改善されるようになった。とりわけ東国の大名領では、宿駅制度の整備が行われるなどして、領内の交通路が徐々に整えられるようになった。こうした点で大きな力を発揮したのは、統一政権成立の道を切り開いた織田信長である。信長は交通の妨げとなった領内の関所を廃止し、一里塚《いちりづか》を設置するなど、領内の交通路整備に一段と力を入れたが、さらに支配地域の拡大とともに関所撤廃政策を各地に及ぼしていった。

豊臣政権は織田政権の関所撤廃政策を継承して、国内の交通整備に力を入れた。全国を統治する政権としての正当性は、国内の安全で円滑な交通を確保することにあったため、関所撤廃政策が取られたのである。しかし、豊臣政権は、海外侵略などを始め、国内の街道整備をきちんと実施する余裕がなかったためか、宿駅制度を全国各地に施行することはしなかった。

徳川政権は、関ケ原の戦いに勝利すると直ちに、慶長六年（一六〇一）に東海道に宿駅を指定して伝馬継《てんまつ》ぎ送《おく》りをする宿駅制度を施行するとともに、その後も中山道ほかの五街道にも宿駅制度を設け、旅人の宿泊や人馬利用の便をはかった。歩いて渡れない大河には渡船を置き、渡守に扶持《ふち》を与えて旅人の利用に供し、全国の街道には一里塚を設置した。また、豊臣政権の政策を継承して、中世の街道筋に乱設された関所は、幕府が設ける出《で》女《おんな》・入り鉄砲取締りのための関所以外はみな私関として禁止した。

幕府は大名に対して領内の道橋整備を武家諸法度《ぶけしょはっと》で命じた。各藩も城下町を拠点にして領内支配をするために、藩内の交通路を城下町中心に整え、五街道同様に主要道に宿駅を置き、大河には渡船場もきちんと設け、交通路を整備した。

かくして、遠隔地の役所へ赴任したり、また公務で全国各地へ向かう幕府役人や、また江戸との参勤交代を行う大名も苦難を味わずに旅することができるようになった。農民・

町人も、脇街道を利用せずに五街道と各藩の主要街道を旅する限り、中世のように関銭を取られることもなく、渡河で苦しむこともなく、また宿泊先に困ることもなく、全国各地へ安心して旅立つことが可能になったのである。

人馬・渡し船の利用からみた近世社会

徳川政権は、武士も被支配者の農民・町人も安心して旅ができるような社会をつくった。しかしながら、街道の宿駅人馬や渡し船などの利用で町人・農民が武士とまったく同等の扱いを受けられるわけではなかった。近世社会は身分制が厳しく敷かれた封建制社会であったことを忘れてはならない。

五街道の宿駅は、本来は幕府が公儀として使用するために設けたものである。公儀御用のために将軍の朱印状や老中ら幕閣の証文で徴発される宿駅人馬は、無料で宿駅が負担した。ただし、大名が参勤交代に使用する人馬は、幕府が定めた賃銭で使用する有料負担となっていた。近世社会は封建社会であり、武士が支配身分であったといっても、支配領主でもない大名のために農民や町人が無料で人馬勤めをする社会ではない。幕府は全国の統治を担う政権であり、公のための勤めである幕府御用のために、宿駅は無償で人馬勤めをしたのである。

五街道だけではなく諸藩領の主要街道の渡船《とせん》も、武士と庶民の利用が明確に区別されていた。これらの渡し船を武士は無料で利用できるのに、町人・農民は有料であった。もっとも村々では、毎年米麦を船頭に提供して、日常はお金を出さずに利用できるようにしていた。川越の人足利用の場合は、渡し船と違って武士も町人・農民も同じ賃銭であった。主要街道の渡船は、幕府や藩が船を修築し、船頭の扶持の給与も出して維持していたために、支配階層の武士身分には無料で利用させた。川越人足に扶持は与えていないので、当然ながら武士も庶民同様の賃銭を支払わなければならなかったのである（深井甚三『幕藩制下陸上交通の研究』）。

幕府が五街道の宿駅に定めた、御定賃銭《おさだめちんせん》と呼ばれる人馬賃銭は、当初は渡船同様に町人・農民にも適用される賃銭であった。しかし、物価の変動があり、どうしても公定された賃銭は相場より低価格となってしまう。寛永の頃（一六二四〜四四）になると、公用通行やその他の武家通行の増加もあり、御定賃銭は大名ら武家だけに適用され、以後は町人ら庶民の人馬利用は値段を宿役人と相談のうえで決める相対《あいたい》賃銭による利用となった（同前）。相対賃銭はそれぞれの時代の適正価格、市場価格となっている人馬賃ということになり、その相場は一般に御定賃銭の二倍とされている。

御定賃銭の宿駅人馬利用は、相場の半額という特権的な利用になるため、武士ならば誰もが利用できるものではない。幕府の御用による利用や、大名やその重臣などに限って利用が許されたものであり、大名でも利用人馬数が定められていた。武士以外では、主要な寺社や公家が利用できた。

渡し船には、領主が渡船修築費や船頭の給与を出さない所もある。このような渡し船は相対渡船と呼ばれ、武士も船賃を出さなければならなかった。しかし、相対渡船でも幕府の御用には無料で渡船を提供した。一例をあげると、利根川の七里ケ渡（布施渡）は、渡し船を百姓入用にて建造し維持していると断って、武士から渡船賃を取っているが、幕府の代官や公儀御用の通行からはお金を取らずに利用させたという（後藤家文書『柏市史』資料編六）。

オランダ商館医のみた街道交通

中世にくらべて近世の街道交通は一段と整備され、旅人の煩いは前代よりも大きく減少した。こうした近世社会における陸路による旅の条件についての評価を世界の中で位置づけてみようとする場合、やはり出島のオランダ商館関係者の評価が参考となる。

十八世紀後期の商館付きの医師であったツュンベリーの『江戸参府随行記』により、日本の主要な街道の交通に関する彼の見解を、以下に紹介することにしたい。

当時のヨーロッパ人には、科学の進んだヨーロッパに対してこの点が遅れていて、しかも非キリスト教社会は未開の国と捉えられていた。彼もこの観点から日本を見ており、日本はヨーロッパのように開化されていないとする。ただし、野蛮ではないものの、洗練されているともいえないと、日本の国民に微妙な評価を与えている。ところが、こうした日本社会の道路や交通施設に関しては、ことごとく理にかなった考えやすぐれた規則に従っていると評価する。これに対してヨーロッパでは、旅人の移動や便宜をはかるほとんどの設備が多くの場所で不十分であると、ツュンベリーは記す。

道路は一年中良好で、広くしかも排水用の溝を備えている。参勤交代時期には特に良好な状態に保たれ、道に砂がまかれ、すべての汚物や馬糞を箒《ほうき》で掃いて取り払い、埃《ほこり》に悩まされる暑い時期には水を撒《ま》く。またヨーロッパと違い、道をだいなしにする車輪の乗り物がないので、道路は大変に良好な状態に長期間保たれていると書き記している。

ヨーロッパに比べて日本の主要街道は、街道とその施設がきちんとしていると評価された。大名に対して強い権力を保持した幕府が日本列島内の統一政権として君臨し、武家諸法度により街道整備と参勤交代を命じていたために、街道交通が整備されたことが右評価の理由にあげられる。加賀藩は街道の宿駅整備を外聞《がいぶん》の問題としてとらえていたが（深井「加賀藩政確立期における宿駅在町建設」『交通史研究』一三）、武家諸法度の規定だけではなく、領内を通行する他大名や幕府役人による領内統治の評価を考慮して、大名が領内の主要街道の整備を行ったことも考える必要があろう。

旅の難所と安全

難所と整備

幕府は、全国を統治する政権として国内の交通を管轄し、支配地域の街道の整備を行い、また大名へも武家諸法度にて街道の交通が円滑にいくように、渡船や橋の設置も伴う街道整備を命じた。このため近世の街道は、先ほど紹介したツユンベリーが記すように、ヨーロッパの街道にまけないきちんと整えられた街道となっていた。

しかし、すべての国内の街道が旅行者に快適な旅を約束していたわけではない。日本の国土は山地が多く、このため海岸近くまで山が迫っている所や、急流の河川が海に注ぐ地域、また急峻な峠もあった。こうした所は、旅人にとり通行困難な難所といわれる場であった。関東・中部・畿内地域の中にも難所といわれる所があった。最も著名な難所は、日本海側では北陸道の親不知《おやしらず》・子不知《こしらず》であった。太平洋側では、麓と峠の標高差の大きい箱根峠が、「難所いわんかたなし」などと旅人に嘆かれた（『升屋平右衛門仙台下向日記』）。親不知・子不知の場合は、波の打ち寄せるわずかな幅の海岸を通らなければならず、風波の強いときには命の危険を伴った。

幕府も難所を放置したわけではない。箱根峠についてははじめ街道に竹を敷き、後の延宝年間（一六七三〜八一）には石畳を設けたことが知られている。また、箱根宿の設置自体も旅行者の便宜をはかるものであった。一方、越後の親不知・子不知の交通を大きく改善する手はほとんど打たれていない。

親不知・子不知という地名は、実は太平洋岸の東海地域にもある。越後の親不知・子不知はフォッサマグナにかかわって存在したが、その太平洋側近辺にも同じ地名がやはり存在した。ところが加賀藩隣接の親不知・子不知だけが難所としてのちのちまで知られていたのに対して、東海地域の親不知・子不知が難所であったのは近世前期までのことであった。同地も越後と同様に波に洗われるような場を通り過ぎねばならない危険な所であった。

ところが幕府は難所をさけるために、明暦二年（一六五六）と天和三年（一六八三）の二回にわたり山道を切り開き新たな東海道の道を付けた。難所の改善は、実は朝鮮通信使の通行に際して行われたもので、外聞《がいぶん》を意識したものであった。このときには東海道筋の街道・宿場整備も実施され、その一環として山道の開発が実施されたのである。越後の親不知・子不知も糸魚川《いといがわ》から迂回する山道を整備したり、海岸沿いの一部の脇道を整備させれば、かなり旅人への便宜をはかれたのではないかと思うが、まったくこのような手は打たれていない。おそらく幕府が、加賀藩に備える要害地域として親不知のある地域を捉えていたために、大幅改善を行う街道整備をしなかったのではないかと考えられる。

幕府は東海道でも、大井川・天竜川への架橋を行わなかった。近年も土木史研究者から架橋の技術的困難性から橋が設けられなかったとの説が主張されているようであるが、実はそれは見当違いである。江戸時代の橋には船橋というものがあり、船橋ならばほとんどの川に設置できることを忘れている。幕府が架橋しなかったのは、やはり要害として川を考慮した軍事目的のためである。

近世の街道の難所は、軍事性を考慮して幕府により温存されることがあったわけであるが、これは藩の場合も同じである。加賀藩領の五箇山《ごかやま》は断崖絶壁を駕籠《かご》で渡る場所もあり、難所として知られている。しかし、飛驒との国境の籠渡しは、飛驒で一揆があったときには、その川に加賀藩が船橋を設け、軍団の交通の便をはかっており（「後見草」『燕石十種』）、領国境に籠渡しを設けていたのは防衛のためであったことがわかる。

旅の心得と難儀

旅の難儀は難所だけではなかった。日常性から心を解き放ってくれる旅には、病気や盗難など旅人を悩ませる難事が旅先で待ちかまえていた。庶民の旅が盛んに行われるようになった江戸後期には、旅に対する心構えを記した八隅蘆庵『旅行用心集』（文化七年刊）のような本も刊行された。

『旅行用心集』は、冒頭に道中用心として実に六一ヵ条も掲げて、旅に関してのさまざまな心構えと注意すべき事項を示している。さらにそのうえに同書では、特に大切なことは別項目として掲げるとして、次の事項を記す。その項目とは、旅先で水がかわることの心得、寒い国を旅するときの心得、山中での獣への注意、船中での用心、毒虫への対処、また宿屋で蚤《のみ》をさける方法、疲労回復の方法、湯気当たりへの対処法、旅持参の薬などについても記している。犯罪以外で江戸期の旅人が悩んだ事柄がどういうことか教えてくれる。水道が普及していないごく近年までは、水当たりは旅行者の注意事項であった。また、獣・毒虫はともかく、宿の蚤に注意しなければならないというのは、当時の旅籠屋《はたごや》の中に不衛生の所があったことをうかがわせる。

街道案内のために刊行された道中記の類も、旅行者の便利のためにこうした旅の用心について記すものが多い。また、旅人自身が旅の記録として書き記した道中記には、旅での禁止事項や心得を記すものがある。旅に出る際に、同行者との間でトラブルが起きたり、また一行の一人でも難儀にあえば、旅の楽しさを味わうどころでなくなる。このためにあらかじめ同行者の間で道中での禁止事項を決めたり、みなで守るべき心得を定めていたのである。そして、こうした定《さだめ》や心得を道中記に書き残し、後に旅に出る自身や家族・知友の参考にしたのである。

ちなみに奥州のある旅人の明和八年（一七七一）の道中記に記された「旅行禁制」（『寒河江市史編纂叢書』一三）によると、酒色・博打《ばくち》・喧嘩《けんか》や目上へ礼を失することを禁ずるほかに、病気や渡河・火事・盗難の注意などを定めている。また、文化頃の常州の旅人が記した道中記「上方・金毘羅参詣覚書」は、同行者との人間関係についての配慮、宿での身の回りの整理と持ち物の管理、病気の際の看病、旅先での道連れへの注意、さらには名所旧跡をもらさずに見物することも加えている（川崎吉男編『伊勢参宮日記考』資料編一）。

これまで紹介したのは庶民の事例であるが、武家の場合の旅心得をみると、「旅行須知《りよこうすち》」（『日本交通史料集成』三）という岡山藩士が残した史料がある。それによると、武士の御用旅の注意について、御国法、つまり藩の規定として定められていた事項がある。それは駄賃帳・旅籠帳・両替帳の三帳を必ず用意し、受け取りを貰って後日の証拠にすること、次に異変があれば見捨てがたいので、他家の家中と泊まるのは主家へのやっかいとなるため止めること、また先触れが必要であることなどである。当然ながら、農民・町人同様の旅の注意事項も右史料には記載されている。

旅の安全と犯罪

日本の治安が良いという評価は揺らいでいるが、近年までは国際的にみて治安が良く、犯罪が少ないのは有名であり、秀吉の刀狩が大きな原因としてよく挙げられる。やはり、オランダ商館医ツュンベリーは、近世中期の日本社会について盗みが少なく安全であると記している。

もちろん江戸期に犯罪がなかったわけではない。しかし、幕府の御用金輸送を襲撃するような犯罪はみられず、犯罪の対象は主に庶民に向けられていた。実際に、近世の旅人の道中が犯罪から無縁でなかったことは常識である。幕府は、元禄元年（一六八八）に、道中筋が悪党・雲助《くもすけ》の徘徊《はいかい》により物騒であるとの触れを出し、また正徳六年（一七一六）四月には、雲助・ごまの灰などのために旅人が難儀する風聞があるとのことで、道中の治安取締りに乗り出している（『徳川禁令考』前集六）。雲助によるゆすり、たかりや、法外な酒手の要求は旅する女性をとりわけ悩ませるが、旅人の路銀をねらうスリやごまの灰などの盗人も繁華な街道で活躍した。彼ら盗人への用心は、旅行の戒めには必ず登場するといってよい事項であった。

ごまの灰やスリのような旅人の所持金をねらった犯罪ではなく、旅の女性を拐《かどわ》かし、遊里へ売り飛ばす犯罪も存在した。西国の女性は、関所の障害がないために、女性だけで参宮や巡礼に出ることがあり、彼女ら参宮巡礼の女子をだまし、茶屋へ売る一味が出現し、宝暦九年（一七五九）にはこうした一味が大坂でつかまっている（『編年雑記』）。また、街道の治安は飢饉《ききん》のときなど一段と悪化した。天明の飢饉のとき、「奥道中」では諸所に盗賊が横行し、申《さる》の刻（午後八時）以降には往来がなくなったと伝えられている（『我衣』）。

道中の犯罪から逃れるためにも、旅する人は一人旅をさけ、女性の旅も男性のお供を連れて旅をした。こうした旅の安全を求める需要を見越して、すでに江戸期に旅のボディガードを斡旋する商売が登場している。宝暦四年（一七五四）に諸国道連れ請負の出願があり幕府の許しを得たという。これ以前の享保年間（一七一六〜三六）にもこの商売が行われたという。現代社会でも旅のボディガードはなかなか商売になりにくいが、やはりいずれも費用がかかるため、結局商売にはならなかったという（同前）。

犯罪者からねらわれたのは一般の旅人だけではなかった。輸送業の飛脚屋の中には現金輸送を行う業者があり、江戸後期になると、飛脚のお金の運送もいっそう盛んとなるために、お金の輸送を行う飛脚は犯罪者の格好の獲物となった。文政三年（一八二〇）の板橋で、金六六六両も盗まれる事件が発生しているが、翌年にも飛脚が金三〇〇両を奪われたという（『我衣』）。飛脚も大金を所持するので、盗難から身を守るために用心はしていた。天保十二年（一八四二）に、京都三度飛脚《さんどびきゃく》が襲われ殺されるという事件が起こっているが、彼は刀を棒の先に付け槍のようにしていたという。しかし、結局馬上で居眠りをしたために、そのすきに襲われたというものであった（『藤岡屋日記』二）。

川船利用と便船

旅の戒めを記した前出「旅行須知」には、陸上で事故に遭うのは天災の場合だけであるが、船路の難は常にあるため、陸を行ける場合は御用以外は陸を行くこと、また長距離の船旅は小間切れに途中の湊へ寄って利用することを記している。実際に、近世の旅は通常は街道を利用した。海上の船旅は危険が大きく、長距離の船旅は瀬戸内海のような内海は別として、一般にはあまり利用されていない。

廻船と違い、川船利用が便利な所では川船が使用された。淀川の伏見―大坂間や江戸川の関宿《せきやど》―行徳《ぎょうとく》間の川船は、長距離を短時間で移動できるために旅人に盛んに利用された。

現代の夜行長距離バスのように、宿屋への宿泊が省けて旅費の節約ともなる、夜間に移動する夜船《よぶね》も大いに利用された。ツュンベリーも長崎への帰りに夜船に乗り伏見から大坂へ出ている。また、文化十年（一八一三）に大坂の代表的商人の番頭升屋《ますや》が仙台に下る際に、淀川の夜船を利用しているように（『升屋平右衛門仙台下向日記』）、大店の番頭や長崎商館の人々も利用するほど夜船は重宝されたものであった。

地方でも川船の便のよい所は、当然ながら旅人に川船が使用されている。たとえば、越中の小矢部川や出羽の最上川では川船利用が盛んに行われた。安永六年（一七七七）の江戸町人と僧の旅記録によると、最上川では夜船の利用も可能であった（『奥州紀行』）。

夜船は川船だけではなく、金毘羅《こんぴら》参りの大坂―丸亀間の船でもみられたが、九州の大名が参勤交代に瀬戸内海の船を利用したように、旅人による瀬戸内航路の船利用はとりわけ盛んであった。外海航路の場合は、危険なため通常の旅には利用されないが、島や漁村地域などの住民が船を利用して旅をすることも当然みられた。特に旅費節約に廻船利用は適当であり、このため能登や佐渡などから蝦夷地《えぞち》（のちの北海道）への出稼ぎには、便船による廻船利用が盛んに行われていた（『珠洲市史』六、ほか）。また、十九世紀前期の文政末年から天保初年に、奥州から北陸への道中記録を残した旅芸人、浄瑠璃《じょうるり》語り繁太夫は、浦賀から仙台まで便船を利用したが、大風雨にあい生きた心地のない目にあったことを記録している（『筆満可瀬』）。当時の船で長距離の旅をすることはやはり命懸けで、また船に乗り慣れていない人々には船酔いで大変な苦痛であったろう。

移動・移住と旅

移動の「自由」

女留め物と旅の人大名

中世の農民は居留の自由、すなわち年貢を払えばどこへでも転居・移住する権利を持っていたといわれている。一方、近世社会の農民は引っ越しの自由は認められず、子々孫々まで同じ村に住まねばならなかった。

こうした近世社会が成立する直前の戦国期から近世初頭にかけて、人の流動性は大いに高まった。金銀山が盛んに開発され、全国各地から人々が鉱山町へ流れ込み、また海外との貿易が盛んに行われたために、東南アジアへ移住する日本人の他に、ヨーロッパ人・中国人・朝鮮人が来住し、さらに朝鮮侵略に伴い捕虜として日本へ多数の朝鮮人が連れて来られた。近世初期の貿易港などには多彩な人々が住み、寛永十九年（一六四二）段階の長崎の平戸町には、全国各地の人だけではなく、高麗（朝鮮）出身者も多数居住していたことが人別帳により確認できる（『寛永十九年平戸町人別帳』）。

統一政権の成立により国内の戦争状態が解消されたために、戦争に駆り出されていた多数の足軽・中間が浪人となって都市建設に流れ込んだことが藤木久志氏により指摘されているが（『雑兵たちの戦場』）、天正十八年（一五九〇）の武蔵国八王子城落城後に、移転建設された八王子新宿への移住者についての記録をみると、他国からの移住者は甲州浪人・武田浪人・甲州出身とする者が二〇名を超えるほかに、宇都宮・上野・相模・信濃の近国の他にも三河・伊勢出身の浪人者を主とした人々がおり（『当所江宿越之名前控』）、地方の宿場町などの町立てに際しても、各地の浪人者が流れ込んでいたことがわかる。また、城下町建設に伴い、領内各地から商工業者が集まるほかに、領主に従って他国から移住する商工業者もいた。中世から続く在町でも、元寺内町の越中城端《じょうはな》をみると、前田家に随従したとみられる若干の尾張や越前出身の商人が近世初期に移り住んでいた（富山県城端町文書『組中人々手前品々覚書帳』）。

一方、領主は、支配基盤となっている農民層の確保と村への定住をはかるために、隣国大名との間で逃散《ちょうさん》した農民の交換条約の人返し令を出したり、また家数改め・人別改めを強化していくことになった。検地帳・家数人別帳・人別改帳に登録された農民や町人は、村役人・町役人へ届け出て領主に許可されなければ、他町村への引っ越しや婚姻による移動、また他領への出稼ぎや旅ができなくなった。移動は規制され、他領転居の自由がまったくなくなったために、農民・町人はいわば土地へ縛り付けられた存在となった。

土地緊縛を徹底するために、諸藩では領国境目の口留《くちどめ》番所による領民の出国取締りを行い、領外への流出を取り締まる対象の留物に女性も加える藩が多かった。たとえば、寛永二十年（一六四三）に、会津藩は女性など留物の番所通行を規制している（『会津藩家世実紀』一）。農民の場合は、暮らしのために男が旅稼ぎに出なければならない場合があった。このため男の出国を厳しく統制はできない。しかし、出稼ぎする家でも妻が家を守るために、めったに女性が出国することはない。このため女性を留物に指定し、彼女らの通行を取り締まることにより、農家の領外への流出を防いだのである。

留物の対象となる女性の主は農民の女性であるが、このほか家臣の女性も対象になったと考えられる。藩主に背いて出奔する家臣を取り締まることができるためである。家臣団に対する強力な支配、従属関係を築き上げていない近世前期の大名にとっては、口留番所による女性取締りは家臣団統制の一環を担った。しかし、家臣も含む領民を藩領の村・町へ定住させた大名は、反対に江戸と領地の城下町との間を行き来する参勤交代を幕府に強制された。このため大名はまさに旅の者という存在となった。

諸移動の増加と土地緊縛の社会

元禄時代には、新田開発の展開により農家数が増大するばかりではなく、都市の発展も著しく、三都や城下町の都市域拡大と町家数の増加がみられた。町家数の増加は、都市内の二、三男の分家による独立だけではなく、農村から流入した農家の二、三男が独立してつくった家々の増加によるところが大きかった。

元禄以降の都市発展において、城下町などは大きくなかったが、江戸や大坂ではその後も都市域が拡大するような、農村から多数の人々の流入がみられた。三都周辺地域の農村の二、三男や娘たちは、盛んに三都の商家へ奉公に入り、また、村を捨て江戸へ流入する貧農層も増えていった。これらの地域以外の農村の二、三男や娘たちも結婚前に、地域の町場へ奉公に出て、町暮らしを経験する者が多かった。

こうした都市への農民の移動は、近世社会が農民を土地緊縛した社会とする通説を否定するようにもみえる。しかし、近世社会で認められていなかったのは、農民が村役人やひいては領主に無断で引っ越したり、村を捨て他領へ逃げる、欠落《かけおち》や逃散《ちょうさん》のような旅であった。農民の倅《せがれ》や娘が奉公のために村を出たり、あるいは主人が出稼ぎのために旅に出ることは、届け出さえすればよかった。近世を土地緊縛社会とするのは、幕府の関所や藩の口留番所の存在により、自由な農民の移動が抑制されたということではない。幕府や藩は、農民が奉公や出稼ぎに、また寺社参詣や、湯治などのために村外や領外へ出ることを禁止していたわけではなく、関所が人の移動の障害になるというのも、女性の寺社参詣などの旅に不自由をもたらしていたことについてである。

藩が財政上、困窮するなどして特別に規制していれば別であるが、通常近世の農民や町人は、出稼ぎや寺社参詣・湯治には村役人・町役人へ届け出れば、簡単に往来手形を発行してもらうことができ、旅立つことができた。女性で、江戸からの出女となる場合は、幕府の留守居証文が必要なために厄介であったが、それでも届け出れば手形を発行してもらえた。

近世の農民の場合、本百姓階層の家では、代々村々へ定着することが可能となり、職人・商人も前代よりも定着性を増したといわれるものの、農民や町人が他所への婚姻や奉公による移動や、出稼ぎの旅、また家族の一員が同じ領内の他町村へ引っ越しすることも、届け出れば許可されたことは無視できない。そして、江戸後期には遊山旅や湯治旅その他の旅が盛んに行われていた。人々が各地を盛んに往来した江戸時代は、他領への移住などできないものの、人々の移動が盛んに行われた時代でもあったのである。

移住する漁民と転住伝承

近世社会では、農民同様に漁民も石高制と役賦課の原則の中で掌握された。領主による彼らの掌握は、田畑・屋敷の所持からくる、米生産高で評価される土地の高所持と役賦課による把握となった。漁民も田畑・屋敷地などの高を所持する者は百姓身分として把握され、無高は水呑《みずのみ》や頭振《あたまふり》と把握された。漁民も農民同様に、当然ながら自由な引っ越しはできなかった。

漁民の場合、より漁獲のあがる漁場を求めて移動して生活する者が元来多かった。ところが、近世社会は田畑・屋敷地所持の住民を特定の村へ縛りつける社会となったために、漁民の場合も特定の村に固定されることになり、他地域の漁場で働くことになる漁民は出稼ぎ・旅稼ぎを行うことになる。しかし、まだ、農漁民の土地への固定化が確定しない近世初期の段階には、他領であっても新たな有望な漁場を発見した漁民が転住することが行われた。

北陸地域をみると、能登の輪島の海士町《あままち》は、中世後期から出漁していた九州の筑前鐘崎（現福岡県玄海町）出身の漁師が近世初期に定住して作った町という（『能登志徴』）。また、能登の漁村大念寺新村は寛永九年（一六三二）に、若狭の高浜・小浜から移住した釣り漁師により形成されていた（『志賀町史』）。

領民の転出と違い、領内へ移住する遠方の他領の漁民は、年貢を取り立てることができるため藩は受け入れるが、出て行かれる藩の方では当然に彼らの欠落を問題にし、場合によっては残された人々に災難が降りかかる。このため、無届けの転出者を出した土地の漁民は、旅稼ぎ先での遭難その他の事故、また疫病などの理由をつけて転住漁民について処置する必要があったのではなかろうか。明和四年（一七六七）の「稚狭考」という若狭の史料は、万治年間（一六五八〜六一）に漂流して生き残った二、三人の小浜隣接漁村、西津・小松原の漁民が能登川尻（大念寺新村）に流れ着き定着したとする言い伝えを記している（『拾椎雑話・稚狭考』）。漁師がいなくなった事実は隠せないので、生き残った人間がやむなく能登へ住み着いたとする話がつくられ、後にこの話が伝承されるようになったのではなかろうか。

宗門改《しゅうもんあらため》制度・檀家《だんか》制度の成立などにより領主の規制が厳しくなり、簡単に移住などできなくなる。しかし、その後も他国に移住して作った村のあることを伝承している漁村がある。たとえば、越中射水《いみず》郡脇村は、明暦二年（一六五六）から寛文八年（一六六八）

の間に不漁が続いたため、一軒を残して船団を組んで越後蒲原郡へ移ったが、後に再び戻る者もあり現在に至ったという。そして、この時の移住先が蒲原の脇町と言い伝えている（『氷見市史』）。不漁が長期間続けば漁民は暮らしのために、新たな漁場を求め一時的に出稼ぎ的に移住しなければ餓死してしまう。このため実際に漁民の多数が船団を組んで他領へ一時的に出奔することがあったとしてもおかしくない。おそらく、こうした移住の記憶が、遠方の特定の村・町を作ったとする伝承を生んだのではないかと考えられる。

漁民の中には漂泊漁民とよばれている家船生活の漁民がいる。瀬戸内の広島県豊田郡幸崎町字能地は、家族が一年中船に乗り生活する家船漁民の集落であるが、同村の寺院記録から判明する彼らの出漁（寄留）先や移住先が報告されている。それによると安芸のほか讃岐・備前・伊予・備後の各国にわたり、しかも享保（一七一六〜三六）以降の時期にも移動がみられた（河岡武春『海の民』）。ただし、注意しなければいけないのは、漂泊漁民とはいえ彼らにも盆正月に戻る家が能地にあり、完全な漂泊・遍歴生活者ではないことである。なお、漂泊漁民ではなくとも、漁村や港町・浦町の二、三男の場合は移動がしやすく、蝦夷地《えぞち》（のちの北海道）の港町には、東北や北陸から多数の人々が流れ込んでいたことはよく知られている。彼らの中からは富裕な商人も多数登場していた。たとえば、江差《えさし》の富商関川家や岸田家は越後や能登出身であった。

真宗移民

近世後期の北関東農村や東北農村では疲弊《ひへい》する所が多く、零細な農民は村を捨て、江戸などへ流出していった。このため都市問題が生じた江戸の対策と、農民の減少した農村対策のために、寛政の改革と天保の改革で人返《ひとがえ》しが行われた。しかし、人返し令で農村の復興をなしとげることはできなかったので、こうした農村を抱えた藩主の中には、他地域から農民を迎え入れ、農村復興をはかる者が出た。

一方、近世中期以降に人口を停滞ないし減らしていった北関東や東北と違って、北陸地域では中期以降も人口を増大させていった。北関東や東北では間引《まび》き・堕胎《だたい》が行われ、その結果が人口減少に結びついていったが、越後から若狭にいたる北陸地域の住民には、浄土真宗の信者が大変に多く、彼らは特別な場合を除いては間引き・堕胎を行わなかったために、中期以降にも人口増加をみたのであった。

しかし、増加する人口を受け入れ、新たな高持の農民を生み出すような余裕や、多くの増加する人々を吸収するほどの経済力が北陸地域の都市にはなかった。信濃川・阿賀野川などの河川による水害の影響を受けやすく、窮迫する農民を多数出し、大地主を多数生み出した越後では、零細な多数の農民を抱えていた。また、加賀藩領の農村でも同様にたびたびの水害や凶作に見舞われるなどして、零細な農民が多数農村に滞留していた。こうした、北陸の過剰人口・労働力に注目したのが、農村人口の減少と手余り地増加に見舞われていた北関東の真宗寺院であった。

最も早く北陸の門徒農民の移民を企てたのは、稲田西念寺の良水であった。良水は笠間藩の許可をえて、寛政六年（一七九四）にひそかに加賀藩領へ移民募集人を派遣して、入百姓を招致した。また、宍戸藩では唯心寺が文化年間に北陸門徒を招致し、矢田部藩は正明寺が文政期に、烏山藩も同期に慈願寺により北陸からの門徒農民の入百姓を招き、地域の荒廃田復興や新田開発を実施した。相馬藩は文化十三年（一八一六）の藩政改革により、他領民を移入させる方針を実施した。同藩では家老をやめた久米泰翁が真宗寺院とともに移民招致をはかっている。以上のように、真宗寺院が窓口となって、盛んに北陸の門徒農民の移住をはかったのである。檀家の少ない真宗寺院にとって、寺院の経済を安定させるためにも必要なことであり、このため藩の後ろ楯をえて、真宗寺院が積極的に移民を招いたのである（『相馬市史』一・『富山県史』通史編四）。

移民は北陸諸藩にとっても大切な労働力であり、本来無断で他領へ移住することは許されないものであった。しかし、越後の場合は、小藩が分立し、領主支配がそう強くなく、出稼ぎが盛んな土地でもあり、領民が他領へ抜け出るのはそれほど難しいことではなかった。一方、加賀藩の場合は、領民の出国統制は厳しいが、親鸞《しんらん》聖人旧跡二十四輩巡拝など遠隔地への寺社参詣や出稼ぎの届けにより領外へ出ることができた。また、和倉温泉の湯治と称して、能登へ行き、同地の幕府領などの湊から船で領外へ出てしまえば、北関東・東北へ逃げることができたのである。

出稼ぎ・旅稼ぎ

出稼ぎ・行商と農民・漁民

元禄時代（一六八八〜一七〇四）以降には、各地の農村で小家族による農業経営が主体となった。小農経営はわずかな田畑をもとにした経営のために、他の稼ぎもあわせてようやく暮らしが成り立つというものである。そのため、地域内で諸稼ぎが可能となれば、村で日々の暮らしを営めるが、自然条件や地域の諸稼ぎの展開のあり方に規制されて、農閑期に村を離れてしかも他領への出稼ぎへ出なければならない地域があった。近世社会は中世社会にくらべて人々の流動性が弱まった時代である。諸職人その他の遍歴する人々が村・町へ定着するようになった時代といっても、浦方・山間地や積雪地帯・水害常襲地帯などでは、村の人々も家族を残して出稼ぎ・行商を強いられたのである。また、比較的安定した平野部の穀倉地帯でも、村居住の零細な職人・農民の場合は、当然ながら代々その村へ定着して家を守るというようなことはない。

近世の江戸では、とりわけ越後や信濃の北信地域からの冬季の出稼ぎがよく知られている。積雪のため冬の稼ぎを求めて、米搗《こめつき》・三助などの労働に従事したのである。同じ積雪地帯の加賀藩領・富山藩領では、領民の出国統制は厳しかったが、領民の暮らしを抑制することはできないため、年貢納入のためにも他領への出稼ぎを認めた。越中では、著名な売薬行商の他にも、小間物売りも兼ねる鏡磨《かがみとぎ》（氷見地域）や蚕種《さんしゅ》行商（八尾・井波周辺）が行われていた。越後・北信地域はとりわけ江戸への出稼ぎが盛んであったために、行商ではなく肉体労働を主とした出稼ぎとなった。ただし、幕末に越後の角海浜村（巻町）辺から出た毒消し売りのように、中には行商もみられた。同地は実は漁村地域であり、富山の売薬行商も農村に加えて浦町や漁村にも広まっていたが、氷見の鏡磨も浦方地域から出たように、出稼ぎ行商は漁村など浦方地域に浸透していっている。耕作や漁業では暮らしが成り立たない人々が出稼ぎしたのである。

また、漁民の場合、他地域へ漁業の出稼ぎに出ることがあった。その代表的な事例は、紀州や西国漁民の江戸発展に伴う関東進出である。元禄の大地震により出稼ぎ漁業は衰えるが、紀州漁民の中にはその後も旅稼ぎを続けたところがあった（『九十九里町誌』中巻）。紀州の現下津町の寺院記録によると、享保後期には再び出稼ぎが盛んになったというが、十八世紀後半以降の関東出漁は、外房漁民の成長や紀州農村の商品生産展開によりわずかとなっていたとされている（『下津町史』）。

半島地域や島では、耕地や漁場が限定されているために、農業やまた漁業でも生きて行けない人々が多く、漁業出稼ぎ以外の出稼ぎが盛んに行われた。能登ではとりわけ奥能登で出稼ぎが盛んであった。文化八年「加越能三州産物交易金銀出入之事」（金沢市立玉川図書館加越能文庫蔵）によると、能登の産業としていわば出稼ぎとも捉えられる廻船で働く水主《かこ》稼ぎが重要なものとしてあったが、このほか能登は出稼ぎの杜氏《とじ》を出した土地として越後とともに有名な地域である。また、知多半島では万歳《まんざい》や黒鍬《くろくわ》稼ぎなどの出稼ぎが行われた（加古家・小島家文書『知多市誌』資料編四）。非農業の稼ぎで他地域の商品経済を支える出稼ぎや、とりわけ全国に雄飛する廻船活動への水主稼ぎの従事は、一面半島の商品経済との関わりの強さを示す。しかし、これらの出稼ぎは半島経済の大きな発展に必ずしも直結せず、地域内部の商品経済そのものを大きく発展させるわけではなく、また夫や父親の不在は妻子の側からすれば寂しく不安な暮らしの生活を意味することも忘れてはならない。

富山売薬商人の旅　村や町には多くの行商人が回ってきた。たとえば、尾道のある町の文化十五年（一八一八）三月から一年間の宿泊願いに出てくる行商人は、左のとおりである（『新修尾道市史』四）。

練薬小売（安芸海田3件・加茂郡1）・薬入れ替え（富山1）一元丹薬練商《いちげんたんやくねりしょう》（加茂郡1）・油抜き薬商（広島1）・売薬（大坂1）・熊胆《くまのい》丸（石見津和村1）・膏薬《こうやく》売（三次1）・薬売（高田郡1）・紫金錠《しきんじょう》薬売（海田1）・呉服行商（赤穂1・播磨魚崎1）・反物商（京都1・広島5・播磨高砂2）・小倉真田《こくらさなだ》商（備中高梁《たかはし》6・備中小島1）小切倉地《こぎれくらち》類（高梁2・備中高沼2）・目鏡おさ商（播磨高砂1）・刺刀磨石商（播州高砂1）・せんべい商（伊予道後1）・小間物商（大坂5・京都1）・打紐《うちひも》類商（大坂1）・金物商（大坂9）・植木商（播磨池田2）・筆墨商（松江2・播磨西条2）・酒商（南部1）・小島売買（倉敷1）・印肉（兵庫1）・牽牛花《あさがお》商（岡山1）・□目かね商（赤穂1）・目鑑糸もの商（播磨津方村1・播磨高砂1）・金具商（大坂2）・小道具類（播磨加古川1）・木櫛商（木曽贄川《にえかわ》1）・行灯《あんどん》売買（大坂2）・刷本《すりほん》商（大坂1）・鼠捕り商（播磨明石新町1）・暦商（備中笠岡1）・糸切商

（大坂2）・細工道具商（大坂1）・荒物注文取り（大坂1）・紬《つむぎ》商売（越中八尾1）薬売りの行商人は、「薬入れ替え」とされる富山売薬商人以外にもさまざまな行商人がいる。尾道の近隣の商人以外にも、富山売薬商に加え大坂・京都・木曾などからも薬売りが来ている。

近世の代表的な行商である富山売薬についてここでは取り上げたい。富山売薬行商は、お得意の客に売薬を預け、次の年に得意を回った際に使用した分の薬代を受け取った。この商売方法を先用後利と称して、各地への販売圏拡張の手段としていた。町と違って村方では、信頼できる薬を入手すること自体容易ではなく、しかも使用した薬の分だけ代金を支払えばよいので富山売薬は全国に広まっていった。競争を避けるために富山売薬の商人は、売り先の地域ごとに仲間をつくって過当競争をさけた。

ところが、中期以降に藩財政が苦しくなり、領内のお金の流出をきらう藩の中から、付加価値の高い売薬商品の売買を禁止する藩が出た。このため越中の売薬商人仲間は、藩と交渉してなんとか営業の確保をはかったのである。一例をあげると、薩摩藩より売薬の差し止めを受けた富山売薬商の薩摩組では、嘉永年間（一八四八〜五四）に薩摩藩が琉球を通じて中国へ密貿易する商品の蝦夷地産の昆布調達を引き受けることで営業を継続できたのである。当時は越中の北前船も蝦夷地へ向かい、米などを売り、肥料用のニシンや昆布を買い付けており、薩摩藩の求めに応じることは容易であり、売薬商人は昆布調達を引き受けたのである（『富山県薬業史』通史編、ほか）。かくして売薬商人は薩摩藩の密貿易による蓄財を助け、薩摩藩が幕末政治で活躍する縁の下の力持ちを演じたのであった。

得意先を記した懸場帳が売薬行商の権利を表し、同帳が後に売買され、複数の懸場帳を持つ商人が登場してくる。このため彼らに雇われて売り子となる売薬行商人も多数いた。懸場帳の関係で行商人は、旅名前として懸場帳記載の持ち主の名前や同名前の売り子を名乗ることになった。売薬商人の仲間は、仲間の営業を守るためにさまざまな規定を設けており、この中で行商の旅についても規定していた。文政十二年（一八二九）の仙台売薬仲間定書には、博打《ばくち》の禁止と宿料の規定がある。嘉永五年（一八五二）の関東行の射水《いみず》組仲間規定では、旅先での病気や言いがかりをつけられた際の仲間による助け合いと、飲酒や女遊び・悪事の禁止を規定する。文久三年（一八六三）の上総・下総仲間の定《さだめ》には、国元の恥になるとして、雇い主の暮らし方や売り子自身の稼ぎなどを宿で話すことを禁止している。このほか、当然ながら旅先の藩の法令などはきちんと守らねばならないために、薩摩組の文政元年（一八一八）の定では、薩摩藩が禁止している真宗について語ることや、出所不明の唐薬種《とうやくしゅ》購入を禁止している（『富山県薬業史』資料集成上）。

売薬行商人の道中記というのはこれまで知られていない。というのは、旅先での記録は、お客へ納入した商品とお客が使用した商品を記載する懸場帳への記述が主となるためで、また、道中で遊山をするわけではなく、地道に毎年同じ村々を回るわけであり、道中記を書く必要もあまりないといえよう。このため売薬人の旅の具体的なあり方を知る記録はほとんどないが、幸いなことに明和三年（一七六六）に売薬人に同行した富山藩の村役人内山逸峰が旅の記録を残している（岡村日南子解読『内山逸峰集・享保―安永』）。

同行した売薬人は飛驒から信濃・越後・奥州・上野・武蔵を回ったが、彼の足は速く、逸峰は置いてきぼりにされたこともあった。薬はかさばらず軽量とはいえ、各地のお客を訪ねて、薬を入れ替えながら回るために、相当な量の薬を売薬人は持参しなければならない。一回の旅で必要となる薬を全部持参するわけにはいかないので、あらかじめ旅先に薬荷を届くように処置していた。逸峰の記録によると、越後の出雲崎の宿にあらかじめ荷物が送られていたことが記されており、また得意先へ預けていた薬も記載されている。もちろん預かった農民は有力農民であったろうが、反魂丹《はんごんたん》以外にもさまざまな薬が売薬として扱われており、現代のように医師が各地で診療していない当時にあっては、富山の売薬がいかに全国各地の村々の人々にとって頼りになったかうかがうことができる。

職人の旅、鋳物師の旅

行商人同様に、村や町を回ってくるさまざまな職人がいた。前にみた尾道の逗留《とうりゅう》願書から、文化十五年（一八一八）三月から一年間に逗留した職人をあげると、左のとおりである。

入歯細工（竹原4件）・歯療治（大坂1）・口中療治（広島1・竹原2）・弓弦商（雲州松江1・雲州大宗郡1）、庭築・庭作り（大坂2・江戸1）、櫛こうがい直し（大坂1）・べっ甲細工（大坂1）・碁盤目盛（江戸1）・楓子《ふうし》細工（大坂1）・もみはり（江戸1）・造化（象牙か）細工（岡山1）・上菓子伝授（大坂1）・わく細工（播磨加古川1）

入れ歯や口中治療には近辺の竹原・広島の人達がやってきているが、遠方となると江戸・大坂のさまざまな職種の人々が尾道へ稼ぎのために回って来ている。中国地方のために登場しないが、会津の茅葺《かやふ》きや伊那の石工《いしく》なども、旅先で職人としての稼業をして生活することで有名であったが、寺社の堂社建築を行う大工も居住地だけでは暮らしが立たないために出稼ぎをした。周防大島の大工が四国へ出稼ぎに出て寺社建築や民家も建てたことはよく知られているが（『東和町誌』）、越中氷見の大窪大工も五箇山《ごかやま》へ出稼ぎして、大島大工同様な建築に従事していた（『越中五箇山平村史』下）。

大島の大工もそうであるが、半島や島の村では、二、三男は田畑を分け与えられても農業で暮らしていくことなどはできないので、手に職を付けて他所稼ぎにより生きて行く者が多くなった。知多半島からは、後期に鍛冶や瓦職などで出稼ぎに出る者が多く現れている（小島家文書『知多市誌』資料編四）。

以上の職人はみな、往来手形を持参して旅立ったが、公家や社家との結び付きのなかで、かつて移動の自由を許されたことを記す由緒書などの文書を入手している職人がいた。鋳《い》物師《もじ》は真継《まつぎ》家により組織され、中世に関所や渡しで不自由を被ることがなかった内容を記す由緒書などの文書を所持している。

次にこうした鋳物師の旅が実際にどのようなものであったかについてみておくことにする。能登中居の鋳物師国田家文書（国立史料館蔵）には、文政八年（一八二五）をはじめとする三冊の道中人馬駄賃帳が残されている。同帳には「禁裏諸司真継石見守支配御鋳物師」と記載され、持参者は大名らと同様に低額な御定賃銭で宿駅人馬を利用でき、各宿問屋は使用人馬の駄賃銭を同帳に書き込んだ。真継家の御用や同家御用を称する旅の際には、鋳物師は御定賃銭による特権的な宿駅人馬利用が可能となっていたことがわかる。

御用鋳物師も関所を無手形で旅することはできなかった。真継家御用で上京した際には、同家発行の関所手形により国元へ下ったが、中居から他領への旅となると、真継家の手形をいちいちもらっているわけにはいかない。結局、村や旦那寺へ申請して発行される往来手形による旅をしたのであった。安政五年（一八五八）九月に村役人から藩へ申請し、発行してもらった往来手形によると、商用のための京都への旅であることが記載されている（国田家文書）。

木地師

木地師《きじし》は、椀《わん》その他の木材加工製品の作製を行うために、材料の豊富な山間地に居住し稼業を営まなければならず、このため材料が枯渇すると他の適当な材料が入手できる山地への移動を繰り返さねばならなかった。このため木地師は、鋳物師とともに漂泊・遍歴する稼業の代表的存在であった。彼らの場合も、全国のどこの山でもある高さ以上のところならば利用可能であることを示す文書の御綸旨《りんじ》を所持していた。

越後の白馬岳麓の糸魚川市に編入されている小滝地区に木地屋を称する小字《こあざ》がある。同地の集落は、元は地名通りの木地屋の集落であった。ここの元木地屋の一軒に残された由緒書は、彼らが各地を移転し続け、近世後期に同地に定着したことを記している。小滝の木地屋の先祖は、元来、近江の筒井峠で椀作りの木地職をしていたが、飛騨の山内へ移住し、その後越後大所村へ移り、また同小滝山へ移住したところ火事にあったために大所村へ戻ったという。さらに信州松本藩領小谷郷の八百平へ移住したものの木地になる山木を切りつくしたので、このとき高田藩領関川宿近在の杉之沢村（笹が峰）で行われた新田開発に加わり農業に従事したが、農業に向かない土地のために転住したという。天保十五年（一八四四）の願書もあわせみると、四軒の木地師は高田へ移り同地の職人たちの厄介となっていたが、同二年に大所村への木地師稼ぎの出職を庄屋に認めてもらい、天保十五年には大所村の百姓に編入され、農閑期に木椀作りに従事してきたという（文化庁文化財保護部編『民俗資料選集・木地師の民俗』）。

由緒書が記す遍歴地をみると、全国各地を遍歴しているわけではない。遠い祖先の居住地とする近江は別として、居住範囲は飛驒・信州・越後という隣接した地域に定まり、しかも大所村を主にして移動していることがわかる。木地に最も適当な材木をえられる土地をベースにするため、また製品の販売に関して商人や塗師職人などとの関係もあり、このような移動となるのであろう。また、由緒書によると、近世の新田開発進行の中では、木地師もおそらくより生活の安定した農民化の志向をみせること、ただし彼らの参加できるような新田開発は山間地のため農業が難しく、たとえ農業ができたとしても農閑期に木地師稼業に依存しなければ暮らせないことがわかる。

転住を繰り返す全国の木地屋は、近江蛭谷の筒井公文所と君が畑の高松御所が統制し、氏子銭を徴収していたが、先の御綸旨のほかにも宿駅の人馬を安価な賃銭で使用できる絵符を木地師に交付していた。右木地屋地区のある家には筒井公文所絵符が残されている（同前）。会津領南山保上小屋の木地師たちは、嘉永三年（一八五〇）に伊勢参宮した際に高松御所の絵符を持参している。彼らは絵符を会津の番所で手形代わりに使用したものの、幕府関所では通用しないため、往来手形を江戸博労町の宿で書いてもらっている（木地屋『伊勢参宮道中記』）。

民衆の旅の展開と旅を支える人々

参宮盛行化と旅の浸透

元禄時代の東海道では、旅人相手の茶屋・旅籠屋が栄え、また旅人相手の道中記も出版されるようになるほどであった。しかし、全国各地の幅広い階層の人々を旅に誘うようになり、東海道以外の他の多くの主要街道が賑わいをみせるようになるのは、元禄時代以降のことであった。

抜参りも加えた、伊勢参宮をした人々の実態について、信州上田の四ヵ町の記録「原町問屋日記」（滝沢家文書）を整理すると次のようになる。カッコ内は年平均参宮者数である。

宝永四年（一七〇七）〜享保元年（一七一六）間のうち一〇年間　一八一人（一八・一人）

享保二年（一七一七）～同二〇年（一七三五）間のうち一九年間　二七一人（一四・三人）
元文元年（一七三六）～宝暦十三年（一七六三）間のうち二四年間　二二〇人（九・二人）
明和元年（一七六四）～享和三年（一八〇三）間のうち四〇年間　六〇三人（一五・一人）
文化元年（一八〇四）～慶応三年（一八六七）間のうち六四年間　二二六人（三・五人）

これをみると、宝永の御蔭参り《おかげまい》り後の一〇年間がその後の各時期よりも年平均参宮者数が多い。このため宝永の御蔭参りのすぐ後には多数の人が参宮に出かけるようになったことがわかる。文化以降に右のデータでは減少しているが、これは本参りを届け出る参宮者がきちんと記録されなくなったためである。いずれにしても宝永の御蔭参りが、庶民への旅の浸透の大きな契機となったことは確かである。宝永の御蔭参りは、日頃参宮などの旅へ出られない、経済的に参宮が難しかった庶民の多くの人々を巻き込んで行われた。御蔭参りの経験は、各地の民衆の間で参宮熱を定着させ、以後多くの農民・町人を参宮の旅へ誘うことになったが、その経済基盤となったのは講《こう》であった。参宮のために多くの人がお金を出し合って、毎年講員の一部を参宮させたり、なかには一定期間の後にみなで参宮する講が多数の人々の参宮を可能にしたのである。

そして、文化・文政頃になると、一段と多くの庶民が旅に出かけられるようになった。

こうした時代の動向に対応した、十返舎一九《じっぺんしゃいっく》の『東海道中膝栗毛《ひざくりげ》』や安藤広重の浮世絵「東海道五十三次」は、多くの人に受け入れられ、人々の旅心をいっそう誘うことになった。そして、この時代には、金毘羅《こんぴら》神社・高野山・善光寺の参詣や立山・出羽三山・富士山など霊山参詣、また四国や西国さらに秩父その他の各地の巡礼所への参拝など伊勢以外のさまざまな遠隔地の寺社への参詣が行われるようになり、また湯治旅なども盛んとなった。そして、この他に出稼ぎや行商・商取引き・修行・修学その他の目的の旅人も一段と活発に街道を行き来したのである。

物見遊山の旅

江戸時代の庶民の旅を代表するのは物見遊山の旅であった。広重が「道中風俗」(『東海道風景図会』)と題してさまざまな旅人を描く中で取り上げた庶民の一般的な旅姿は、一人旅と題する旅姿と、遊山旅と記した旅姿であり、江戸時代後期における町人・農民の旅の主が遊山旅であったことを示している。

田中丘隅《きゅうぐ》は『民間省要《みんかんせいよう》』において、享保頃までの旅について、慰み遊山のためにする旅は稀であると記している。旅はつらいもので、家職以外で行われる旅は巡礼修行の旅であるという。実際に、甲州下井尻村の有力農民依田家も、残された正徳三年(一七一三)の参宮道中記によると、西国三十三ヵ所など回らず、伊勢宮だけを参拝してそのまま帰村するような旅を行っている（『依田長安一代記』国立史料館叢書）。

ところが、享保より時代が下ると、町人・農民の参宮の旅は、東国の人の場合は伊勢より遠方の金毘羅やさらに西国三十三ヵ所を回り、帰りに善光寺も参拝するような、多くの著名な寺社に詣で、その途中の名所や芝居小屋をも見物する旅となった。庶民によるこのような旅が盛んになると、金銭的に余裕のある盲目僧の中にも、晴眼者同様に遠隔地への社寺参詣を行う人も現れた。博多の盲人僧妙福は、文化十四年（一八一七）に伊勢参りへ出立したが、大坂では天王寺などの参詣に加えて、夜店や浄瑠璃《じょうるり》芝居・道頓堀《どうとんぼり》芝居、お城の見物などへ行っている。その後は高野山・吉野をへて奈良の諸社寺参詣と春日山・三笠山見学を行い、三輪大明神・長谷寺参詣後に伊勢へ向かった。参宮後に京都では音羽《おとわ》の滝・祇園《ぎおん》・新地・二条城、また四条芝居・物まねその他を見物し楽しんでいる（「独旅道中日記」『福岡県史』文化史料編）。妙福の旅だけではなく、後期における遠隔地の社寺参詣旅は、参拝という信仰心を中心とするものであるが、旅先の名所・旧跡見学やまた芝居や著名な繁華街の見物という物見遊山的要素を合わせ持つ旅であった。そして、名所・旧跡見学や旅先でのさまざまな見聞は、旅人の知識を増やす、絶好の学びの機会となったのである。

遊山旅の道中記の代表的なものは、陸奥東磐井郡津谷川の男性一行が嘉永二年（一八四九）に参宮したときの「伊勢参宮道中日記」（宮城県立図書館蔵複写）である。彼らの道中は、名物を食し、名所や芝居見物をするだけではなく、たびたび宿泊先で遊女と遊び、しかも遊女の誘いや深酒のために逗留を重ねたりする遊山旅であった（深井『近世女性旅と街道交通』）。後期の遠隔地への寺社参詣旅は、見聞を広める要素や信仰の要素よりも、右のような遊山の要素の強い旅が増えているのは間違いない。

信仰の旅

丘隅によると、享保頃までの旅は信仰の旅ということであったが、中期以降にも物見遊山を合わせ持たない旅や、またその要素の薄い、信仰の色彩の強い旅も依然として続けられたことも無視できない。町・村でも町・村の安全や繁栄・無事などを遠方の寺社へ祈願するために代表を派遣することがあった。文政年間（一八一八～三〇）の中山道蕨《わらび》宿では、秋葉山へ宿内安全祈願のために毎年代参人を派遣するほか、日照りの際には榛名山《はるなさん》へ代参人を遣わしており、祈願のための代参人の旅がみられた（『日記』『蕨の歴史』史料編）。

さらに、個人の後生菩提のための巡礼旅や遍路旅も盛んに行われていた。全国各地に廻国修行成就の際に造られた供養塔が残されている。また、富士山登拝や立山参詣・出羽三山参詣などの中には、物見遊山的要素のない旅をする旅人も存在し、野田泉光院のように全国の山岳をはじめとする諸寺社を参詣する山伏の旅などもあった。ちなみに、木食《もくじき》上人や円空《えんくう》は全国を旅しながら、木彫仏を各地に残していったことでよく知られている。

物見遊山を伴わない、純粋な信仰の旅も存在するが、問題にすべきは庶民の巡礼旅の一般的な変化である。四国八十八ヵ所は、四国という本州から離れた場にあるが、西国三十三ヵ所は畿内とその周辺を中心としているために、京都・大坂の見物や、同地への途次の名所見物、さらに著名な他の寺社への参拝も可能となる。こうした名所見物や目的地途次の著名寺社への参拝をする旅といっても、信仰心のない旅とはいえない。商用以外では一生のうち限られた機会にしか遠隔地への旅をできない農民・町人には、信仰目的に加えて見聞を広めることや、遊山的要素を旅に加えるのもやむをえないことであった。たとえば、幕末の安政四年（一八五七）に武州上崎村の伊勢大々神楽講五二人組が参宮に加えて西国三十三ヵ所への旅に出ている。このときの道中日記「伊勢大々西国三拾三所順道中日記」（『騎西町史』近世資料編）によると、一行は鎌倉の諸寺社参詣や秋葉参詣を行い、参宮をしてから那智・熊野を訪れ、また高野山・吉野・金毘羅・宮津・竹生《ちくぶ》島などを回り、善光寺などにも寄って帰村している。さすがに普通の遊山旅のように江戸や大坂・京都で芝居見物などをしていないものの、彼らは伊勢や西国三十三ヵ所以外の著名な寺社参詣や熱海入湯も行っていた。

旅の役割と情報

旅が人々の見聞・知見を広める格好の機会であることは現在も変わらない。日野商人中井屋は、江戸店奉公人の帰郷の在所登りについて、参宮に加え京都・大坂の見物を定めているほどである（『中井家の研究』）。文化期の頃に旅した常陸の栗山文助一行も、旅の心得として名所・旧跡を見逃さないようにとしていたが（「上方金毘羅参詣覚書」『伊勢参宮日記考』資料編一）、旅が見聞を広める重要な機会であったからこそわざわざこのようなことを定めていたのである。また、旅はさまざまな商品や書籍・情報を入手できる機会となった。商人や職人の場合は、土産物購入により各地のすぐれた商品に接触し、情報が入手できた。農民の場合は、旅先で新品種の稲などの農作物の知識をえたり、また新たな栽培・耕作法の知識がえられることになる。稲などの米穀類の良質な種は、道筋に実っている田畑から容易に失敬でき、持ち帰るのも簡単であった。

旅の効用は、知識をえられることだけではなく、旅仲間のいっそうの人間的関係を強化することもあった。その典型的な例には、南部藩で嘉永年間（一八四八〜五四）に起こった一揆を指導した三浦命助たちが、かつてともに参宮の旅をした仲間であった（森嘉兵衛

『南部藩百姓一揆の指導者三浦命助伝』）ことがあげられる。

マスメディアの発達していない当時の社会では、旅人や行商人が他所の様子をはじめさまざまな情報をもたらす点で、とりわけ変化にとぼしい日々を送っている農村の人々に大きな役割を及ぼした。修験野田泉光院の旅記録によると、修験者を排斥する土地もないではないが、泉光院に祈禱を頼む人々がいるだけではなく、彼が泊まった農家へ村人が集まって彼の話を聞くところがあるのはもちろんのこと、彼に頼んで俳句や茶の湯やさらには学問の指導を請う者もいた（宮本常一『野田泉光院』）。

また、富山売薬商は、土産《みやげ》として子供相手の品物や富山で印刷した版画なども持参した。版画には役者芝居絵・武者絵・名所絵などさまざまなものがあったが、役者芝居絵などは村芝居にしか縁のない村人に町場の文化を伝え、また名所絵その他の絵なども、刷り物を簡単に入手できない村人に名所の情報を伝えて喜ばれたのは間違いない。このほか、売薬商が客と対応する際に話す事柄には、当然ながら客の土地ではあまりまだよく知られていない話題も上る。売薬商仲間に不都合な噂などはご法度であるが、商売にさしさわりのない他所の出来事などの情報は、客も喜び商売をすすめる潤滑油ともなった。実際に、瀬戸内の大三島《おおみしま》の人が安政五年（一八五八）の越中の大地震について知ったのは、富山の売薬商から聞いたためであった（『藤井此蔵一生記』）。

ところで、旅に関する情報を直接提供する出版物は、十七世紀中頃から刊行されるようになり、元禄期には盛んに刊行され、出版物がさらに人々の旅を促進する役割を果たした。ケンペルは東海道沿道の子供が土産物に加え、道中記を旅人に売り回っていることを記録しているが（『江戸参府旅行日記』）、元禄期には宿間の距離や駄賃なども記載した絵図の『東海道分間絵図』（元禄三年刊）も刊行されている。宝暦年間（一七五一〜六四）には同絵図の小型の携帯版が出され、また十九世紀近くになると『東海道名所図会』や『木曾路名所図会』などの名所図絵も盛んに刊行されるようになった。しかし、何よりも旅についての知識をえるための情報源となったのは、家族や知人の旅の経験であった。このため旅する人々は後の参考のためにも、旅の道筋や宿泊・休憩場所、参詣した寺社や見物先、そして旅先でのさまざまな支出などをまとめた道中記を記し、必要に応じて家族や知人へ見せた。このため江戸期の史料が残されている家の多くには、紀行文はなくとも道中記は残されているのである。

農民・町人らの民衆による旅の展開は、旅にかかわる産業を発展させ、街道筋や寺社・名所近辺の人々に経済的な恩恵を与えた。人足稼ぎの需要の拡大や旅籠屋・茶屋の繁栄に加え、各所で旅人相手の土産物産業も生みだした。近世後期の東海道などの主要街道の宿場町は、御用通行による負担が増加していたために、宿駅の窮乏を訴え、宿助成や駄賃値上げを幕府にたびたび訴えており、残された文書からは後期の宿場町が困窮していたイメージがつくられやすい。しかし、宿役負担に関する宿駅財政は悪化していても、宿場町自体は御用通行以外にも、多数の庶民の旅人による休息や宿泊により賑わいをみせていたのが現実であった。次にこうした宿場町の賑わいを支えていた人々をみておきたい。

宿場町の賑わいを支える人、寄生する人

馬や人足を雇う人々は、宿駅の中心部にある問屋場で調達する。問屋場では、問屋・年寄の宿役人指揮下に帳付・馬差・人足指の下役人が人足・馬に荷付けの実務を行い、また御用通行のための宿の差配を行った。宿場の屋敷持ち・高（田畑）持住民が伝馬役を負担し、御用宿勤めを行うが、本業は農業や商売・職人稼業であった。しかし、宿場町では、旅人を対象とする旅籠屋・茶屋の営業が後期には一段と繁盛し、これらの営業に関わって多くの零細な人々も暮らしを立てることができた。遊女の飯盛女《めしもりおんな》（飯売女）、女子供の土

産売り、旅人の疲労を取る按摩《あんま》、旅人の髪を整える髪結《かみゆ》いなどが暮らし、また観光地には案内人もいた。

十返舎一九の『東海道中膝栗毛』は、飯盛女の留女《とめおんな》その他の宿場で暮らす人々の生態も生き生きと描き、また安藤広重の浮世絵、「東海道五十三次」などにも彼らが描かれていることはよく知られている。宿場町や宿場町間の茶屋集落の間の宿・立場茶屋で暮らしを立てる、留女・飯盛女・土産売り・按摩・案内人について、先に紹介した奥州東磐井郡の西国旅一行の嘉永年間における道中記「伊勢参宮道中日記」より見ることにしよう。

留女の記事が出るのは伊勢の津から松坂（阪）の地区である。津の所々の茶店では女性たちが旅客を止め酒肴を勧め売り、月本宿では大坂の宿引きがわざわざ出張してきていたことを記す。松坂では宿の女性たちが一行を抑えたりしている。東海道・伊勢路でもとりわけ右地区の留女は目立つ存在であったろう。また、三輪の途中の茶屋では留女に荷物を奪われるほどであり、西国の飯盛女の留女が強力な客引きをしていたようである。土産売りについては、日光で女子供より栗を買って食べており、また東海道の佐夜の中山では飴餅を売る女性が所々にいたことを記す。

また、一行は長旅のため疲労解消のために按摩にかかっているが、日光道中の今市宿と伊勢路松坂では女按摩の記事がみられ、後期の主要街道の宿場町には女性の按摩も存在していることがわかる。一行は富裕な人々であったために旅の先々で遊女と遊んでいる。また、日光・鎌倉・伊勢・奈良・高野山という名所・旧跡地では案内人を頼んでおり、後期のこれらの土地では少なからぬ案内人の存在がうかがえる。

なお、街道・宿場町に寄生する者にごまの灰やスリの犯罪者がいた。九州からのある参宮記録に、高野山から橋本宿間では道連れをして人を騙《かた》って世をわたる者が昔から多数おり、用心すべきと記している（「都廻道之記」『赤司家文書』）。このほか後期の関東や周辺の国々の宿場町や港町には、博打《ばくち》打ちや無宿者が跋扈《ばっこ》していたことも忘れてはいけない。宿場町には雲助や宿人足が多数おり、港町も荷揚げ・荷積みの人足が多くいて、荒くれの彼らを使役し、押さえる人間がいた。彼らの中には人足を使役するだけではなく、博打で人足たちの収入を巻き上げて利益を貪る者が多く、一般にやくざといわれる、多くは無宿者の子分を多数抱えていた。後期の関東と周辺地域には没落農民や困窮農民の子弟たちの中で血気にはやる者が多数村を捨て、無宿となって博打や犯罪を犯しながら街道筋を跋扈したが、やくざの下に身を寄せ手下となる者も多かった。こうした手下を多数抱えたやくざの親分には、東海道筋には清水の次郎長、甲州街道筋には黒駒の勝蔵のような、明治期以降に有名になる者がいた。もっとも演芸・芝居の世界でひとかどの人物として描かれる次郎長にしても、その実像が大きく違うことは、やくざの研究などで指摘されているところである。

旅人と旅姿

中世における旅人の姿について、次のような興味深いことが指摘されている。すなわち、中世前期は熊野道者姿が、後期は巡礼姿が各時期の旅の一般的な姿であるという。道者姿とは白衣をまとった旅姿であり、巡礼姿とは笈摺《おいずり》姿で、笠《かさ》・菰《こも》をつけ、杖を持ち、さらに物乞いに必要な柄杓《ひしゃく》も持参した姿である。なお、巡礼姿が登場するのは室町時代後半であるという（黒田日出男『姿としぐさの中世史』）。

初期寺社参詣曼茶羅に見る旅人

中世から近世へ移り変わる時期の、十六世紀ないし十七世紀に作成されたとされている参詣曼茶羅《まんだら》に「粉河寺参詣曼茶羅」（現和歌山県那賀郡粉河寺、同寺蔵）・「清水寺参詣曼茶

図1　『那智参詣曼荼羅』に描かれた旅人

羅」（現京都市清水寺、同寺蔵）・「善峰寺参詣曼荼羅」（現京都市善峰寺、同寺蔵）・「成相寺参詣曼荼羅」（現宮津市成相寺、同寺蔵）・「千光寺参詣曼荼羅」（現兵庫県千光寺、同寺蔵）などがある。これらの寺社参詣曼荼羅を見ると、曼荼羅にはたしかに笈摺姿の巡礼が多数みられる。

しかし、十七世紀作成とされる「那智参詣曼荼羅」（国学院大学蔵）と同じく「那智参詣曼荼羅」（大円寺蔵）・「伊勢参詣曼荼羅」（三井文庫蔵）には右の巡礼に加えて、白衣の道者姿もみられるのである（図1参照）。那智はもちろん伊勢にも、依然として行われていた熊野参拝者が訪れていたことがわかるが、先の曼荼羅では道者ではなく巡礼が描かれていたことも忘れてはならない。

十七世紀中期の名所記の旅人

近世の旅姿はどのようなものであったろうか。また、それはどのように変化したのであろうか。以上の点をさらに絵画資料によってみることにしたい。

東海道の名所を紹介するために作成された『東海道名所記』（万治年間刊）に描かれている数多くの男の旅人は、老人や子供ではなく青壮年の男性である（図2参照）。彼らは刀や杖を持つが、この杖はいずれも護身用にも利用できそうな杖である。

この『東海道名所記』の別の挿絵には、大刀に荷物を結んで担いでいる人がみられるが、杖も同様に使用するにはある程度丈夫なものでなければならない。このために武具としても使用できそうな杖が持参されたのであろう。杖のあり方から、まだこの時期には道中することの厳しさが残っていることがうかがえるのではなかろうか。なお、彼らは杖以外にも、当然に雨や日射を避けるために笠も持参している。

供《とも》連れの武士以外の旅人をさらにみていくと、彼らの中に室町後期以降に一般的にみられるようになったという、巡礼姿の男性も若干ではあるが描かれている。女性や老人の巡礼ではなく、壮年の男性の巡礼である。この巡礼は笈摺姿で、杖を持ち、菰をしょっており、中世の巡礼とまったく同じ姿ということになる。

次に『沢庵《たくあん》巡礼鎌倉記』（万治二年刊）の挿絵をみると、主人公の沢庵と供の男性二人ともに巡礼装束《しょうぞく》で描かれている（図3参照）。笈摺風の上着は背中に三十三番の記載をし、持つ杖は『東海道名所記』の巡礼同様に、頑丈な金剛杖を描いている。供は笈にかえて、細長い米俵風の包み、菰を背中にしょっている。

巡礼についていうならば、中世後期同様の姿での巡礼が十七世紀中頃まで継続していたことがわかる。しかし、彼らが旅人の一般的なあり方ではなく、旅人の一部としての存在

図2　『東海道名所記』に描かれた旅人

図3　巡礼の姿（『沢庵巡礼鎌倉記』より）

図 4　旅人のいでたち（「道中風俗」『東海道風景図会』より）

であることが、近世の特徴ということである。

広重の浮世絵と『伊勢参宮名所図会』

安藤広重は「道中風俗」（図4参照）にさまざまな旅人を描いていた。「道中風俗」の特徴として、女・子供や老人の旅人が多く描かれていることがある。彼らは笠や杖を持参するが、この杖は先にみた元禄の旅人が持っていたものとは違って、頑丈とはいえない杖である。持っているのが女性や老人でもあるために、歩行の助けの道具となるようなものであった。

「道中風俗」に描かれた巡礼をみると、老人と女性の巡礼となっている。笈をしょい、笈摺姿で、杖・笠持参は中世の巡礼と同じ装束とはいっても、元禄時代までの巡礼とはまったく違って、青壮年の男性ではなくなっている。天保年間に作成された広重の浮世絵「東海道五十三次」（保永堂版）には、神奈川台の景（巡礼親子連れ）・沼津黄昏図（巡礼女親と子一人）に巡礼が登場する。ともに子連れの後ろ姿として描かれているが、後者は明らかに女親であり、しかも柄杓も持参する、いわゆる乞食巡礼であった。

若干時期の溯った寛政年間（一七八九〜一八〇一）には、著名な図会の『伊勢参宮名所図会』（寛政九年刊）があるので、同図会の挿絵から、旅人の姿をうかがってみたい。同図会には女性や老人も結構見受けられ、「東海道五十三次」や「道中風俗」と変わることがない。たとえば、京都の「三条橋」（図5参照）の絵をみればよくわかるように、女性旅人がかなり見受けられ、老人とみられる旅人もいる。ちなみに女性旅人には、やはり供連れがおり、絵の中程の三人連れは、荷持ちの男を供にしており、左上の女性旅人は青年とみられる男と一緒であった。旅人は笠や杖を持参しているが、やはりこの杖は「道中風俗」に描かれた杖と同じで、金剛杖のような頑丈な杖ではない。

右に記した老人と見受けられる男性は、笈摺を着し、蓑《みの》か薦《こも》をしょっているので、巡礼と見受けられる。彼は髭の具合や表情からみても壮年とは考えられず、老年の男性とみて間違いなかろう。このほかに、「大津八丁札之辻」その他の挿絵にも巡礼が描かれるが、男性と見受けられる巡礼でも、強健そうな壮年の巡礼が描かれていないところが、先の『東海道名所記』が描写する巡礼像と大きく違う。また、ここでも子供連れや女連れの巡礼がみられることも大きく異なる点である。

以上、近世の旅人を数多く描いた代表的な絵画資料をもとにして、近世の旅姿の特徴を特に杖に注目し、また、旅人については巡礼の姿に注目して検討してきた。その結果、万治段階と寛政以降の旅姿や巡礼のあり方に大きな違いのあることがわかった。すなわち、江戸前期はまだ中世的な様相が残っており、この段階では旅人も男が主であり、当然に巡

図５　『伊勢参宮名所図会』に描かれた旅人

礼も壮年の男性たちであった。巡礼などの旅人が持参している品物で注目されるのは杖であった。この段階の巡礼や旅人が持つ杖は、護身用にもなるような金剛杖や丈夫な杖であった。ところが遅くとも寛政期以降の旅人の杖には、一般の旅人の持参する杖にはこのような杖はみられなくなっている。そして、旅人にも女性や老人などの旅人が多くみられるだけではなく、巡礼も当然ながら、後期には女性や老人・子供の巡礼がみられるようになり、さらに親子連れで道々合力を受けながら旅する乞食巡礼が増大していたのである。こうした旅人のあり方や旅姿の転換は、後に詳しく記すが、青少年の抜参《ぬけ》りが習俗慣行として定着した、元禄・享保期以降におそらくみられたのではないかと思う。

なお、「道中風俗」が遊山旅の男性に脇差をつけて描いているように、当時の町人・農民の旅人は、身の安全のために道中差を身につけて旅していることも付け加えておきたい。

旅の様相

関所手形と「関銭」取り

農民が他領への出稼ぎや奉公の旅、さらに遠方の寺社参詣の旅に出るには、村役人や旦那寺に届けでる必要があった。しかし、藩境の番所や幕府の関所を通行するために必要な手形を発行してもらうのは難しいことではなかった。幕府の関所が所在する東国地域の女性の場合、江戸方向から上方や東北・北国方面へ出る場合の旅となると、出女取締りのために幕府の留守居手形が必要になってしまうが、そうでない場合は女性も領主発行の手形やさらには村役人・旦那寺発行の往来手形で関所・番所を通ることができることもあった。加賀藩のように領民の厳しい出国取締りを実施する藩では、男性の場合も郡奉行や町奉行の裏書きの手形を必要とすることになったが、幕領などの男性は名主や旦那寺発行の、旅の目的や行き先を記した往来手形で旅立つことが可能であった。

往来手形は、旅先の旅籠《はたご》屋・茶屋でも発行することがあった。江戸後期には多くの人が旅に出るようになったため、無手形で旅立つ男性が増えたが、旅先の関所通行には手形が入用なので、関所近在の旅籠屋・茶屋で往来手形を発行することがみられたのである。たとえば、慶応元年（一八六五）に湯殿山へ旅した武蔵国のある有力農民の道中記によると、無手形で旅立ったために、大戸関所の通行に必要な手形は二八文を払って大戸宿寿屋太平に書いてもらい、関川関所通行の際には野尻宿堺屋六左衛門に三五文で書いてもらった。少し前の嘉永六年（一八五三）に戸隠へ旅した武蔵国の大輪村多左衛門も、横川村の者に手形を書いてもらい碓氷《うすい》関所を通っている（埼玉県立文書館蔵加藤家文書・田口家文書）。また、地方からきた旅人が宿泊する江戸馬喰町の宿も往来手形を出していた（山本光正「旅日記にみる近世の旅」『交通史研究』一三）。旅籠屋が往来手形を発行したのは、旅人が犯罪者でない普通の町人・農民の男性のため、手形発行により不都合が生ずることがないからであり、関所側も旅籠がこの点を考慮して発行していることを前提にして、彼らの手形を受け入れたのであろう。

旅籠屋から手形を出してもらうには金銭が必要になるが、藩でも口留番所通行に必要となる手形発行に金銭を求めることが、加賀藩や秋田藩・庄内藩など一部の藩にみられた。加賀藩の場合、出国する旅人には金沢の手判問屋から手形を発行してもらうことになっていたが、手判（手形）賃が必要であったため、糸魚川方面から立山参詣に加賀藩領へ入った修験野田泉光院は、越後へ出国するのに金沢まで行けないので、富山藩発行の手形をもらうために手判賃を出している。これについて泉光院は、手判賃を取るのは旅人から銭を貪り取る仕業《しわざ》であり、欲深き国であると悪罵している（『日本九峰修行日記』）。また、幕末に武者修行旅をしたある武士は、秋田藩・庄内藩で出国するときに必要な出手形を作成するために代金を支払っていたが、これも言語道断の次第と怒っている（「諸国廻歴日録」『随筆百花苑』一三）。

旅人が関銭を払ったのは中世のことであり、関所通行のために金銭を払うことなど近世社会にはないはずであった。本来口留番所では、関銭となるような銭徴収をしてはならないはずであったが、手形発行の事務手続きの実費負担や藩財政の財源となることから、東北や北陸の藩の中には手判賃を取るところがみられたのである。このため泉光院などのように、手判賃を取る大名を厳しく批判しても、手判賃取り立てが完全に止むことはなかった。

旅の金銭と撒き銭

旅に出るには相当な費用がいるために、江戸期には一生の間に何度も旅のできる人は少ない。このため接待が行われた御蔭《おかげ》参りには大勢の子供や女性が参加した。たまたま明和の御蔭参りの年に出羽寒河江から参宮し、合力などを受けずに旅した楯南村名主倅《せがれ》の我孫子周蔵は、木賃宿を利用する旅をしたのであるが、それでも八両もの大金を旅のために使っている（「道中小つかい覚帳」『寒河江市史編纂叢書』二三）。

さて、旅先ではさまざまな機会に細々《こまごま》としたお金を支払うことになる。このため金・銀貨を持参し、途中で銭に両替して支払いに当てていく。道中記には金・銀貨の銭両替の記載をするものも多く、当然ながら両替額に対する関心の大きいことがわかる。たとえば、武州落合村の寺沢家の弘化五年「伊勢道中記」（『寺沢茂世家文書』一）は、冒頭に銭相場を記載している。

旅人の銭の使用には、宿賃、物の購入、使用した人への支払いの他に、寺社への初穂・賽銭《さいせん》に加え、他に銭を撒《ま》く儀礼がみられる。右の寺沢家の道中記をみると、出立に際して道祖神の前にて撒き銭をしており、伊勢山田手前の小俣の宿からは御師《おし》迎えの駕籠に乗り、撒き銭をしながら行き、宮川の川向かいで少し撒き、また伊勢比丘尼《びくに》に一文、二文ずつ与えた。翌日は御師方で家内祈禱や太々神楽の初めと終わり、太鼓のなる際に撒き銭をし、なんと計二両も使い、さらに太夫の部屋や勝手台所・玄関前、それより外の鳥居の所まで銭を撒きながら行き、次に外宮《げくう》・天の岩戸などを見学し、元の鳥居前へ戻ると再び玄関まで銭を撒いたというし、翌日の内宮《ないくう》でも撒き銭をしている。九州の人、赤司安俊の文化十四年「都廻道之記」(前出)によると、同じように出立の際に馬頭観音で撒き銭をし、その後伊勢でも計一貫五〇〇文もの撒き銭をしている。村境を守り、旅にかかわる神に撒き銭をするのは旅の無事を祈るためであった。これは、すべての旅人が行うわけではないが、近世後期の九州や東国でも、旅立ちに際して村境を守る神に撒き銭をする慣行のあることがわかる。

参宮ではなく、立山参詣の美濃沢田村、三宅嘉右衛門夫婦の文久三年(一八六三)の道中記によると、立山で撒き銭(七五〇文)をしている(「信州善光寺并北国越中立山参詣」『岐阜県史』史料編近世七)が、願をかける主要な参拝先の神、伊勢や立山の神に対しては撒き銭をする慣行のあったことがわかる。寺社への賽銭はもとは散米《さんまい》であり、これが銭貨に代わったものといわれている。散米は神に神饌《しんせん》を供えるものと、邪気を払い清めるものとがあるが、一般に前者の場合は器に盛ってきちんと供えるものであるが、地位の低い神に対してはそうせずに散供《さんぐ》という方法を取るという。これまでみた撒き銭は、邪気を払うというより神への供えとして行われたものであり、道中での重要な神に対しては、人により金額に差はあるものの、途中で出会うさまざまな寺社の神仏へ供える賽銭以上により多くの金額の撒き銭を行ったのである。

中世の旅人は坂の神・峠の神に対して、境や坂の塚で銭の手向けをしたという（『日本民俗文化大系』六巻）が、近世後期の人々は村の境の神と、参拝先の神に手向けの撒き銭をしたのである。また、旅の途中の寺社に加え、峠などに祭られる石像などの神仏にも参拝し、賽銭をあげ、旅の安全その他を祈願していた。なお、伊勢の場合は両宮以外にも絶えず撒き銭をしている。これは御師の指導により拡張された撒き銭の儀礼と考えられる。

旅の名物・食事

旅人の楽しみの一つは、旅先で土地の名物を飲食することであった。

商品経済が展開し、多くの人が旅をしていた元禄時代の東海道には、すでに名物といわれるようなものが登場している。東海道の宿場や立場の名物も記載した元禄三年刊『東海道分間絵図』によると、食べ物ではうどん・そば切りを記す所が多いが、同時代に東海道を旅したケンペルは、各宿場で子供が各所の名産品を売り回っている姿を書き留めている（『江戸参府旅行日記』）。延享二年（一七四五）刊行の『東海道巡覧記』（金沢市立図書館蔵）をみれば、享保年間を過ぎたこの時期の東海道では、東海道筋の宿場・茶屋集落に名物が広く普及していたことがわかる。このことは、旅する人々に各地・各所の名物品が親しまれ、旅を楽しませてくれていたことを示してくれる。

では、旅籠屋ではどのような食事を提供していたのであろうか。旅籠屋の料理は特別に頼まないかぎり、限定された金額のため変化があまりない（『守貞漫稿《もりさだまんこう》』一）。このため特定の旅人が記録した旅籠屋の食事記録でも、その時期の旅籠屋の食事のおおよその実態がわかることを示そう。文化十年（一八一三）に大坂商人升屋が仙台へ旅した記録、『升屋平右衛門仙台下向日記』は宿屋の食事を記載している。宿舎には本陣・脇本陣も利用しているため、念のため普通の旅籠屋の事例だけを一部取り上げ表1にまとめた。富裕商人とはいえ、ぜいたくをしない普通の旅を行い、旅籠屋でも特別な料理を依頼していないので、彼の記録は一般的な旅籠屋の食事を記録しているものと考えてよい。

下向日記によると、宿場により特徴が若干あるものの、おおよそ同じ内容の食事である。夕食は汁に菜の物二、三品を付ける。菜は煮物の平付（平椀）と魚の焼き物と別に猪口《ちょく》ないし椀物が付くこともある。概して東海道の箱根以西は三品で、他は二品である。朝食は

表1　文化10年の主要街道旅籠屋の食事

草　津	夕飯：膾(大根・柿・青菜)・汁(湯葉・菜)・平付(かまぼこ・干瓢・牛蒡)・焼き物(塩あじ) 朝食：汁(かぶら)・平付(水菜・椎茸・湯葉)・猪口(梅干)・焼き物(干くち)
坂　下	夕飯：汁(菜)・平付(ぼう鱈・いも・昆布)・焼き物(塩小鯛) 朝食：汁(無品)・平付(くわい・牛蒡・椎茸)・焼き物(塩鯖)
宮	夕飯：汁(無品)・平付(白魚)・猪口(あえもの・にんしん)・焼き物(塩ぼら) 朝食：汁(無品)・平付(ふ・干瓢・豆腐)・焼き物(かれい)
由　比	夕飯：汁(無品)・平付(すり身・いも・にんしん・昆布・牛蒡)・坪(生節・牛蒡) 朝食：汁(無品)・平付(八杯豆腐・海海苔)・坪(塩鰤・昆布)・焼き物(塩鯖)
三　島	夕飯：汁(無品)・平付(いも・にんしん・昆布)・坪(すり身・干大根・こくしょ)・菓子椀(海老・青海苔)・焼き物(小鯛) 朝食：汁(無品)・平付(八杯豆腐)・菓子椀(かまぼこ・板海苔)・猪口(黒豆・氷豆腐・ふ)
保土ケ谷	夕飯：汁(干大根)・平付(すり身・いも・にんしん)・焼き物(鰤) 朝食：汁(干大根)・平付(薄くす・いも・椎茸・にんしん・湯豆腐)
大田原	夕飯：汁(大根)・平付(鴨・いも・にんしん)・坪(のりかけ・八杯豆腐) 朝食：汁(大根)・平付(こくしょう・いも・こんにゃく・豆腐・椎茸)・焼き物(金頭)
白　河	夕飯：汁(菜・豆腐)・平付(いも・にんしん・氷ふ・椎茸・氷豆腐・こんにゃく)・焼き物(金頭) 朝食：汁(大根)・平付(八杯豆腐)・焼き物(鮭)
郡　山	夕飯：汁(鴨・豆腐)・平付(いも・にんしん・椎茸・豆・こんにゃく)・菓子椀(焼きかれい・ネギ白根)・焼き物(金頭) 朝食：汁(大根・焼豆腐)・平付(すり身かやく・玉子)・坪(八杯豆腐・細椎茸)
下諏訪	夕飯：汁(豆腐・菜)・平付(いも・菜・揚豆腐)・焼き物(にびたし鮒) 朝食：汁(角豆腐)・平付(八杯豆腐・うど・海苔)・焼き物(川きす)
妻　籠	夕飯：汁(菜)・平付(八杯豆腐)・皿(塩鯖さけかけ) 朝食：汁(干大根)・平付(油あげ・水菜)・皿(塩赤はら)
垂　井	夕飯：汁(干大根)・平付(竹の子・玉子とじ)・焼き物(塩ぼら) 朝食：汁(豆腐)・平付(わらび・ふ・ふき・椎茸・焼き豆腐)・焼き物(塩鰤)

注　『升屋平右衛門仙台下向日記』。

一汁二菜が普通であるが、やはり箱根以西の東海道の旅籠では三菜とするところもみられる。菜は平付・焼き物が普通である。

焼き物の魚は、東海道では新鮮な魚を使うこともあるが、それでも塩ものの魚や干し物の魚も利用される。さすがに山地の信州では川魚も使われるが、やはり塩ものの魚も広く利用されている。魚の種類で興味深いのは、鮭は東海道や信州の中山道で素材に使われないのに、北関東で使われていることである。そのかわり鰤《ぶり》は江戸以西の旅籠屋で提供されている。

前述のように、江戸期の代表的街道の東海道の旅籠屋は、料理の品数が多く、焼き物の魚も塩もの・干し物の魚を使わずに新鮮な魚を利用するところが多い。升屋が支払った旅籠賃は不明であるが、同じ年に参宮した武蔵国横手村の農民の道中記によると、東海道ではほとんど一五〇文、中山道でも大体一五〇文の旅籠代を支払っている（佐野数翻刻「文化十年伊勢道中日記帳」）。のちと違って、まだこの頃の主要街道の場合、街道により旅籠屋の料金にそう差はない。そうすると、東海道の旅籠屋は、他街道の宿場町の旅籠屋よりも一段と競争が激しいためか、サービスのために料理を余分に付けているのではないかとみられる。ただし、他の街道の旅籠屋は汁に必ず椀種を入れるが、東海道の旅籠屋には入れていない所が多くみられる。おそらく採算を合わせるように工夫したのではなかろうか。旅先には誘惑が多く、ともすると旅の恥はかき捨てとなるのが日本人の特徴であり、その原因は、きちんとした倫理観により行動するのではなく、同じ村内や町内の人々の視線だけを意識して暮らすような共同体での生活にあるといわれている。江戸期の遊山旅は個人旅行ではなく、友人・知人らとの集団旅行であることが気の緩みを誘い、旅の恥のかき捨て行為を助長したのであろう。

いたずら書き・博打

現代における旅の恥のかき捨ての代表的な例はいたずら書きであり、ヨーロッパの名所に残された日本人の落書きがマスコミをにぎわせたこともあった。宇治の平等院が修理された際には、阿弥陀堂扉の落書きも詳しく調査されている。幸か不幸か江戸期に落書きを残した人々の出身地について詳しく紹介されている（『宇治市史』三）。それによると、たまたま一部地域の人の名前は確認されていないが、ほぼ全国に及び、しかも武士の中にも落書きを残した者がいる。だが、現代のように寺社は文化財としてではなく信仰対象であるために、落書きの中には納札同様の意味で行われたものも考えられるのではなかろうか。

旅先で気が緩むといっても、博打に手を出す人は少ない。しかし、近世後期の関東では博打を生業とする博徒が横行し、とりわけ宿場町などは彼らの根城となっていた。また、街道では雲助たちが、問屋場裏の小屋などで博打にそのわずかな稼ぎを当てて過ごしていた。幕府や藩は博打を許していたわけではなく、厳しく禁じており、領主の目を盗んで博徒や雲助は博打をしていたのである。近世後期の中山道では、飯盛女を雇って泊まり客をいかさま博打に誘って稼ぐのれん師という者が徘徊していたという（本陣文書『保土ケ谷区郷土史』）。また、修験者泉光院は、伯耆国松崎宿に宿をとったところ、主人みずから博打をすすめる宿と教えられ、別に宿を求めたことを記している（『日本九峰修行日記』）が、旅籠屋では大っぴらに博打を打つことが普通とは思われない。しかし、近世後期の木《き》賃《ちん》宿などの場合には、種々雑多な人々が泊まっているために、博打の場に居合わせることも生じたであろう。また、航行中の船では博打の摘発ができないために、乗客の中に博打を始める不埒《ふらち》な者の交じることがあった。ツュンベリーは乗船した船で禁止されている花札が数回行われるのを目撃している。三浦梅園も参宮の際に瀬戸内で乗った船で博打がはじまったのに辟易《へきえき》して、すぐに最寄りの湊で下船している（「東遊草」『三浦梅園全集』上）。手持ち無沙汰の瀬戸内などの船旅は、一部の旅人にとって博打をする格好な場になっていたことがうかがえる。また、遊郭の女性たちも暇つぶしに、花札の博打を楽しんでいたようである。先に取り上げた奥州東磐井郡一行の道中記は、登楼した奥州郡山で遊女が花札博打をしているのを空しく見ていたことを記す。しかし、旅人の中には博打をともにする者もいたはずであり、遊郭や飯盛旅籠も博打ができる場として存在した。

遍歴旅人と女性・逃亡者の旅

女性と子供の旅

まったく経済力のない子供が遠方への旅ができないのはもちろんのこと、元禄時代には女性もなかなか旅ができなかった。たとえば、碓氷関所での改めの煩わしさから、女性がおおいに利用したといわれる脇街道にある西牧関所の改め記録によると、元禄五年(一六九二)の通行七四件のうち女性の通行は一七件(寺社参詣なし)、同六年一五二件のうち女性通行は一三件(寺社参詣一件)にすぎない(群馬県立文書館蔵神戸家文書)。

元禄・享保期の女性と若者の旅

宝永二年(一七〇五)に、全国から伊勢へ向かって膨大な人々が、領主の許可なども受けずに抜《ぬけ》参りをした御蔭《おかげ》参りが発生した。御蔭参りのきっかけとなったのは、子供たちの抜参りであったが、彼らの抜参りを契機に、上方の奉公人などの子供やまた女性たちがいっせいに抜参りに出かけたこの動きが全国へ波及して御蔭参りになったのである（西垣晴次編著『日本民間宗教史叢書』一三巻）。元禄時代には講などを基盤にして、全国から多数の人々が参宮するようになったが、一方では参宮のできなかった人々も多数いた。宝永の御蔭参りは、こうした子供の参宮への熱い願いを起爆剤にして発生し、子供や女性、貧しい人々を多数巻き込んで全国に広がったものであった。

宝永の御蔭参りをきっかけに、その後の参宮者は一段と増加していった。信州の城下町上田に残された町役人の日記「原町問屋日記」（滝沢家文書）は、住民の抜参りについても丹念に記録している。同日記によると、一四、五歳から二〇歳未満の青少年が正月六日と同十一日に抜参りへ出ていくことが、享保年間以降に完全に定着している。享保段階に青少年が特定の日に抜参りへ出かける慣行が成立したのである。奥州の陣屋町の守山でも、記録「御郡方御用留帳」（郡山市蔵）によると、享保段階に若者の抜参りが定着するようになっていた（深井『幕藩制下陸上交通の研究』）。

若者の抜参りは、お金を持たずに、旅先で旅人や沿道に住む人々から合力を受けながらする旅であった。このため子供でも参宮が可能になったが、彼らに金銭的援助や宿の援助が与えられるのは、参宮を重要視する人々の考えが定着していたこと、特に子供が一人前になるために抜参りをするのは当然とする、通過儀礼として社会が容認したためであると考える。

なお、上田の「原町問屋日記」と守山の「御郡方御用留帳」は、享保以降についても女性の参宮は記載していない。彼女らの参宮が皆無のはずはない。しかし、当時の女性は家の中で自立しているわけではなく、合力を受けながらの旅も巡礼でなければ世の中に受け入れられなかった。このため、享保以降であっても、女性の旅は少ないものとなった。実際に、他所より女性の参詣が多かったと考えられる成田山の、幕末の安政七年（一八六〇）の三月二十七日から閏三月八日までの宿泊者中の女性比を見る限り、江戸町人も成田山近隣国住民の場合でも二割前後にすぎないので（「旅人姓名帳」『成田市史』近世史料集五）、女性の旅が少なかったことは間違いない。

女性旅の展開と一人旅

女性の旅人が少ないといっても、まったく彼女らの旅がなかったわけではない。農民や町人の家では、娘のうちに一度は参宮させるのを慣行とした所が知られる。播州の黍田村では、娘たちに男性を案内につけて参宮させている（山田正雄『播州黍田村農民の歴史』）。越後塩沢町の富商で文人の鈴木牧之《ぼくし》が記した

『永代記録帳』（新潟県教育委員会編『鈴木牧之資料集』）をみると、魚沼地方でも富裕な家を主にして娘を参宮させる慣行がみられた。女の子も子供時代に一度は参宮させるという慣行が江戸期に広く行き渡っていたようである。

鈴木家では、「永代記録帳」によると母親も湯治や善光寺参詣を行っており、また妻も湯治へ出かけている。豊かな家では家族の気持ちとして母親や妻に旅をさせるようにしていたことがわかる。しかし、経済力に恵まれない一般の町人・農家となると、家事労働や稼業の手伝いのために、妻の場合は旅に出られなかったのである。ただし、女性が稼業の中核を担うような機業地や商業的農村などの地域では、妻たち女性の旅も盛んであったことがすでに指摘されている（新城常三『庶民と旅の歴史』）。

では、女性が旅する場合、男性にみられるような一人旅があったであろうか。現代でも一人旅の男性はもちろんのこと、女性の一人旅はなおさら宿の確保が難しく、また、女性の一人旅は危険が伴っている。日本の感覚で外国へ一人旅する女性がたびたび犯罪に会っていることはよく知られるようになった。現代日本よりも治安の悪い近世社会では、なおさら女性の一人旅は容易でなく、宿を借りるのにも不自由したことであろう。天保十三年（一八四二）に、東海道土山宿で一人旅と間違えられた旅人が、人足たちから酒代などをねだられ口論となる事件が発生している（『蕨市史』資料編二）。この事件は一人旅が雲助たち人足や馬子から酒手をねらわれやすいことを教えてくれ、女性の一人旅が大変であることを示している。幕末に幕府より処罰された元藩主の赦免を朝廷へ求めて、一人で上京した水戸藩の尊王家の女性黒沢ときでさえも、その多くの道筋は他の旅人などと同行して、一人旅とはなっていない（深井『近世女性旅と街道交通』）。

一人旅はほとんどなくとも、女性だけで旅立つことがなかったわけではない。しかし、女性だけでも不用心であり、荷物を持ったり、旅での用事を果たすために供の男性も加わることが通例であろう。伊勢あたりからは女性だけで善光寺参詣のために旅立っていたようであり、武蔵大門宿の参宮の旅人が、旅先で伊勢の女性だけの旅人に出会っている。しかし、彼女たちには大門宿の人々が信頼できそうな人と見えたようで、同行を頼むだけではなく、持ち金も預けて旅をしているように（埼玉県立文書館蔵会田家文書）、女性連れだけの旅人も旅先で信頼できそうな同行旅人を求めて旅をしていたのである。

女人禁制と女人堂

女性旅の障害に寺社の女人禁制《にょにんきんせい》があった。霊山や修行地となっているような寺社には、女性の参詣を禁止している所が多い。代表的な女人禁制の寺社を示すと、高野山・比叡山・出羽三山・立山・醍醐寺・多武峰《とうのみね》などがあげられる。女人禁制の寺社には、遠方より参拝する女性が寺社域に立ち入らずに、寺社を参詣するための女人堂《にょにんどう》が設けられている。

高野山は寺域入り口の七口に女人堂が設けられていたが、女人堂のうちの一つが現存している。文化十四年（一八一七）に九州から参宮の途中に高野山に参った旅人夫婦によると、かみや口の女人堂は、三間半・六間半のお堂で、六畳敷きの部屋が七つあり、他に八畳敷きの所は大師の母親の通夜をした所として仏壇が置かれているという。同所は女性だけが宿泊できるというのではなく、夫婦者の男性も妻と宿泊可能であり、右の夫婦も大和・播磨・信濃の女人とともに宿泊している。宿泊人のためにさまざまな御馳走を宿坊が持参するほか、帰りには御守などを配っている（前出「都廻道之記」）。

女人堂に泊まった女性は、そのまま高野山を立ち去るわけではなかった。高野山大学の藤田光寛氏から教えていただいたところによると、女性は高野山周囲の山中の修験《しゅげん》が利用する修行道を回り、山の中から参拝したという。幕末に母を連れ参宮の際に高野山を参拝した清河八郎《きよかわはちろう》の『西遊草』（清河八郎記念館蔵）によると、女性の高野山参詣は、案内を頼んで裏方を巡って本堂の裏で参拝すると記している。

立山では、麓の宿坊の町、芦峅寺《あしくらじ》まで女性は行けるが、同地より先に女性は進めない。

しかし、わざわざ立山を訪れる女性のために、女性が参詣し、遠く立山を仰ぐ姥堂《うばどう》が設けられていた。姥堂は宿舎ではないので、宿坊のある地域と川をへだてた対岸、つまり俗世と隔てられた別の世界にあった。文久三年（一八六三）に参詣した美濃国沢田村の三宅夫婦の場合は、亭主が登山している間、妻は芦峅寺の宿坊に泊り、姥堂の姥尊を参拝して立山を拝している（「善光寺・立山参詣旅日記」『岐阜県史』史料編近世七）。

立山では、女人禁制を守るために、禁制を破った女性が天罰を被り、石や樹木に替えられてしまったという物語がつくられ、伝承されてきている。幕末の尊王家として著名で、藩に志のためには身命をも賭すことをいとわない、前出の水戸藩の女性黒川ときでさえ、藩に無断で上京したときに、戸隠神社の女人禁制を守っている。神仏の力を信じた江戸期の人々は、きちんと女人禁制を守り、先のような立山の話を信じた者も多かったであろう。だがもっとも禁制を破ろうにも、まず参詣する男性により排除されてしまうことになったであろうが。

しかし、特別な事情があって女人禁制の地域に入り込んでしまう女性が存在しないとは限らない。このような女性に対して、寺社がどのように対応したか事例を探したところ、次のような事例を見いだすことができた。『我衣』という史料によると、たまたま女人禁制の日光中禅寺の山中に迷い込んでしまった女性が発見され、このとき中禅寺では事を穏便に処理するために、女性に草履を頭に結わえ付けさせ、四つん這いにして下山させている。動物の雌であれば見過ごせるという、機転による処置が行われたのである。

女性無手形旅の展開と関所破り

近世後期には、遠隔地の寺社参詣へ出かける人など旅人が増大した。このため男性に加えて女性も同行して旅立つようになった。関所改めは女改めが主のため、男性の旅人は往来手形を持参しなくとも、江戸の博労町の宿や関所近辺の旅籠屋などでも手形を出してくれるようになっていた。このため男性には無手形で旅立つ者が増大するとともに、当然ながら同行する女性も手形なしで出立する者が増大することになる。

しかし、無手形で旅立った男女一行も旅先の関所通行のためになんとかしなければならなくなる。男性は関所近辺の旅籠屋・茶屋で手形をつごうできるが、女性はどうしたのであろうか。

天保十三年（一八四二）に下総大谷口村から善光寺参詣に向かった大熊津義女は、秩父札所に詣でてから妙義山へ参り、その後に漆萱・根小屋・初鳥屋・小諸をへて善光寺に参拝した（「秩父道中覚」『松戸市史』史料編一）。漆萱・根小屋間の抜け道を利用して、碓氷関所通行はもちろんのこと西牧関所も避けて善光寺を参詣したのである。

また、天保三年に小諸近在の村役人小林葛古夫婦ら三名が越後の五智如来参詣に無手形で旅立っている。越後境の関川関所を避けるのに野尻から大谷越えを利用する方法があったが、山越えの難場のうえ案内賃が高く、気遣いも大変ということなので止めている。結局一行は、代わりに宿の脇本陣に依頼して、闇夜に関川関所の柵を抜ける関所破りをしている。また、五智からの戻りにも赤倉の宿で案内人を頼み、間道の杉の沢通りを利用して関川関所を抜けている（「五智まうで」『江戸時代の信濃紀行集』）。

このように、天保の頃には手形がなくても関所を抜ける間道や迂回道が盛んに利用されていた。幕末の安政六年（一八五九）に、前藩主赦免を朝廷に求めるために、無手形で旅立った前出の黒沢ときの旅記録「上京日記」によると、関所を避けるために上州の草津から深雪の渋峠を越えて信州に入り、善光寺参詣の後に塩尻から伊那街道と新道を利用して木曾福島関所を避けて中山道の橋場へ出ている（深井『近世女性旅と街道交通』）。明和九年（一七七二）に諸九尼《しょくに》も木曾福島関所を避けるために橋場・飯田・塩尻のこの道を利用しており（「秋風の記」『湖白庵諸九尼全集』）、この頃から他所の女性による木曾福島関所迂回が行われるようになっていた。

関所の迂回道や抜け道は他の関所にも広くみられる。たとえば、新居関所の場合は、秋葉神社参詣の秋葉道が迂回道となる。また、日光街道の房川中田関所の場合は、迂回できる脇道が各所にあり、天明期にまとめられた『東遊雑記』は抜け道がいくらでもあると記している。小仏関所では、嘉永三年（一八五〇）に関所役人が旅籠屋・茶屋へ厳しく女性の山越えを制止するように申し付けている（「甲州街道小仏峠関番日記」『日本農民史料聚粋』六）。これは旅籠屋・茶屋が案内人を斡旋していたことを関所で承知していたためであろう。

清河八郎母子の関所破り

安政二年（一八五五）に、幕末に尊王家として活躍したことで知られている清河八郎が、出羽国清川（現山形県立川町）を母とともに抜参りの参宮の旅に出た。八郎は関所破りの様子を詳細に道中記録の『西遊草』に記しているので、『西遊草』を中心にして女性の関所破りの様子をみてみたい。

八郎一行は、日本海側を通り越後から善光寺へ向かったために、高田藩境の関川関所を通ることになる。関川関所は幕府の重要関所であり、また高田藩の口留番所にもなっていたために、関所手形のない女性は通行できなかった。彼らが関川宿にたどり着いたところ、多数出ていた宿引きが関川関所は女性を通さないと、女性通行についていろいろ脅したりするので、同宿した一三人ほどの善光寺参詣の女性を引率した男性に同行を依頼されている。無手形の一行は、宿の案内で寅《とら》の刻（午前四時頃）に関所の下にある危険な細い忍び道を通って、なんと関所門前の柵を抜けて通ったという。これは明らかに関所破りになる行為で、つかまれば重罪の磔《はりつけ》となる行為である。先に紹介した小林葛古夫婦は野尻側から宿の案内により関所破りをしたが、案内人はくじ引きで旅人一組に一名付く決まりということであった。脇本陣が仲介し、また案内人をくじ引きで決めているところから、宿場の村役人たちが承知して関所破りの案内をさせ、旅籠屋が案内人の仲介をしていたことがわかる。葛古は、関所破りをし終えてから案内人に身祝いと称して酒代を与えていた。

さて、清河八郎一行は、上方から江戸へ向かうのに新居関所を避けて姫街道の気賀関所へ回ったが、同関所でも気賀宿の宿屋で関所抜けを誘われ、浜名湖を深夜舟に乗って抜けている。代金は船頭一人で銭一貫文であったが、この舟は屋根のない舟のため星を見ながら浜名湖を渡り、間道を伝い浜松へ出たという。同じく幕末の文久二年（一八六二）に無手形の参宮をした出羽本荘の女性の旅記録にも、この舟を使って気賀関所を抜けたことが記録されているので（「参宮道中諸用日記」『本荘市史』史料編四）、『西遊草』の記事に誤りはない。

彼らの大胆な関所破り・関所抜けは、以上の二ヵ所で行われただけであるが、江戸から帰郷する際に利根川を渡る場合も、房川・栗橋の関所を通らずに脇道を行き、八郎の母の場合は渡し舟に銭一〇〇文という多額の渡船賃を支払って渡河している。関所迂回では、一行は松本から伊勢へ向かう際に、中山道を通らずに、やはり伊那路・飯田道を使って木曾福島関所を迂回している。八郎によると、女道とよばれるこの街道は無手形の女性たちが多数通行する街道のために、沿道の村民が雨のときにわざと橋を流して村へ宿泊させようとしたり、法外な酒手を取ろうとしたり、無理難題を旅人にふっかけていたという。

捕まれば磔となる大胆な関所破りが関川の関所で行われ、他の関所でも夜間に舟を利用したり、また迂回道・間道を使った関所抜けが行われたが、関所破り・関所抜けは無手形の女性旅人が増大した江戸後期に一般化していったとみられる。八郎は、関川の関所破りについて天下の憐れみと記している。関所の本務である出女取締りの対象となる大名の妻女ではない農民・町人の女性が、無手形のために関所を通れず困っているのを、関所近隣の旅籠屋・茶屋が手助けし、それを関所役人が見ぬ振りしていることを、天下の憐れみと表現したものであろう。関所に不都合な女性や旅人の関所破りを旅籠屋が手助けせずに、反対に見つけて関所役人へ届け出さえすれば、関所の目的は果たされるのであり、このために関所役人が見逃しても問題はなかった。

かくして行われるようになったと考えられる関所抜けや関所破りが、無手形旅の女性が増大することにより恒常的に行われるようになると、こうした経験は口伝えに女性旅人の間に広まったはずである。このことを聞き知っている無手形の女性旅人にとって、とりわけ関川関所や気賀関所で行われたような大胆な関所破りは、旅のスリルを味わう貴重な体験となったはずである。彼女らには暗闇を回る善光寺の戒壇巡り以上にスリルを経験できる絶好の機会となり、関所破り・関所抜けは彼女らの旅を大変に印象深い豊かなものにしたであろう。

逃亡・訴えの旅

走りと越訴の旅

近世初期の農民は、領主の年貢収奪が厳しく耐え切れないと、村人多数が一緒に村を捨て他村・他領へ逃亡する逃散《ちょうさん》や、また一人や一家族で同様に家を捨てる欠落《かけおち》を頻繁に行っていた。このためどの藩でも、逃散・欠落を取り締まるために藩境の監視を強化するほか、他藩からの逃散・欠落農民との交換をする人返し協定を結ぶ藩もあった。

その後、逃散・欠落ではなく、領主に対して直接要求を出し、認められないと一揆を起こすようになる。一揆にならずとも、藩や幕府代官が要求を認めてくれない場合に、農民が幕府へ直接に訴える越訴《おっそ》がたびたび行われるようになった。藩の役人が彼らの動きをつかんでいない場合には、寺社参詣・湯治などの理由をつけて領外へ簡単に出られるために、訴えるとき以外は通常の旅と変わらない旅となる。しかし、農民が越訴すると藩当局が認識していた場合には、藩境の番所の警備が厳重となる。

だいぶ後のことになるが、天保改革で三方領地替えが行われようとしたときに、庄内藩の農民は、領主の転封反対を幕府へ訴えるためにたびたび江戸へ越訴の旅に出ている。二度の江戸への越訴が失敗した後に強訴の咎《とが》めを覚悟して、天保十一年（一八四〇）十二月に越訴の旅へひそかに出た柳瀬村茂平ら八人は、みな本名を隠して別名を名乗った。境目の口留番所は厳重な警備がされているので、一行は浜温海村から舟で越後の瀬波へ抜け、その後は長岡・塩沢から三国峠越えで江戸へ入っている。庄内藩の口留番所さえ抜けてしまえば、幕閣へ駕籠《かご》訴《そ》することを旅先で他人に知られない限り、関所や他の藩の番所通行は問題なくなり、普通の旅人同様に旅ができた。しかし、当然ながら目立たないように配慮する必要がある。しかし、結局このときの駕籠訴も失敗し、茂平らは藩へ引き渡されている。

天保十二年四月にも村々により越訴の計画がされたが、この時定めた道中掟《おきて》によると、羽織などは着ないで農民の姿で旅をし、無用の旅費を使用しないこと、道中は禁酒にすることなどを定めている。また、脇差の代わりに鎌を持参することも決めている。いずれにしても、一般の農民や農民の旅人に紛れ込むように配慮したのである。この時は浦方へ厳しい達《たっし》があったので舟を雇うのが難しかったが、越後板貝の名所見物と偽って漁船に乗って領外へ抜け出ている。また、庄内の者であることを断って通ろうとした、越後の会津藩のある番所では、役人から愁訴のため江戸へ上るのではないかと尋ねられているが、別の用で上ると断ったものの、役人は察していたようで、笑みを浮かべて番所通行を許している。庄内藩から依頼でもあれば別であるが、他藩農民の越訴なので見逃したのである。

四月から五月にかけて中川地区から越訴に向かった人々は、八手に別れており、右の舟で越後へ抜ける他に、越後へ山越え上州ロッホ山通り、同山越え三国通りや月山越え小坂通り、月山越え米沢間道通り、月山越え奥街道通り、月山越え上山より通行、小国《おぐに》の西手山越えを利用し、誰かが必ず越訴できるように分散していた。藩境の番所が厳重警戒されているために、各所の山越えも試みられたことがわかる（以上、「合浦珠」『編年百姓一揆史料集成』一五）。田川郡・飽海《あくみ》郡の農民は松島見物・伊勢参宮と称して五人、七人と連れ立って藩領を抜け出ている。越訴の農民は仙台藩で差し止められたが、天保十二年六月には三〇〇人にも及んでいる（「仙台藩江荘内領民愁訴録」『日本農民史料聚粋』一二）。

また、小人数で旅立ち、藩境を越えようとするのではなく、集団で口留番所を押し通し、越訴に向かおうとする農民もいた。近世後期に領民からの年貢収奪を強めた南部藩では、農民がたびたび一揆を起こしたが、嘉永三年（一八五〇）の一揆では、南部藩の支配を忌避して、仙台藩の支配を求めた一揆勢が藩境を力ずくで越えて、越訴している。

逃亡者、一揆頭取兵助の旅

一揆の首謀者は礫などの厳しい刑罰を受けるが、なかには捕まらずに逃げのびた人もいた。彼らの逃亡旅を知るのは重要なことであり、幸いにも天保年間（一八三〇～四四）の甲州郡内騒動の指導者、犬目村兵助が残した大変に珍しく貴重な旅日記「逃亡日記」が増田廣實氏により紹介されている（「甲州郡内騒動頭取犬目兵助と『逃亡日記』その他」『歴史評論』三三八）。兵助は甲州街道犬目宿で旅籠屋を営む村役人であった。

「逃亡日記」のはじめの部分は残っておらず、秩父から記載されている。甲州の国境までどのようにたどったか、また国境の番所をどのように抜けたかを書き残すことは、地元の人間に迷惑がかかることであった。このためおそらく後に甲州の部分は処分されてしまったのであろう。甲州を抜け出てしまい、しかも関東とは反対の西国の方へ逃げればなんとか捕まらずにすむと考えたのであろうか、兵助はその後に善光寺・高田をへて加賀藩領を抜けて、敦賀からは京都へ向かわずに天の橋立へ出ている。その後は金毘羅参りをして、四国の霊場を回り、中国地方へ出て宮島参詣の後に高野山・奈良・京都見物の後に伊勢へ参るという道筋をへている。「逃亡日記」はそこで終わっているが、この後に彼は下総の木更津に住み、寺子屋を営み、晩年にようやく故郷に帰り亡くなっている。

一揆の頭取のために、きちんとお尋ね者の手配が関所へ回っていれば、関所で捕まることになる。このため兵助は高崎から高田へ出るのに碓氷関所をさけて榛名山から鳥居峠を回って信州に入り善光寺へ出ている。鳥居峠へ向かう前には大笹の関所を通ったようであるが、信濃・越後境の、幕府により重き関所とされていた関川関所通行の記事はない。このため同関所はきちんと通らずに抜けていったとみられる。日記には重き関所に対して軽き関所とされていた大笹関所や加賀藩境の市振関所を通ったことが記されているが、これらの関所近辺の旅籠屋・茶屋で往来手形が入手できたことは先に紹介したとおりである。

「逃亡日記」に記録された旅は、秩父霊場巡りに善光寺参詣と西国の寺社・霊場参詣・巡拝を兼ねた旅であった。まず甲州から西国へ逃亡するのに、兵助は日本海側へ出たために、一般的な西国巡礼の順路とは違っている。しかし、西国見物や諸国霊場巡拝の旅人に紛れることは身の安全にもなり、また路銀のあまりない逃亡人の兵助には合力《ごうりき》を受けるためにも必要であった。路銀の足りない普通の町人・農民が遠方の土地へ目立たぬように旅するには、巡礼・廻国・行脚《あんぎゃ》の人々に交じることが重要な方法となった。

無宿や犯罪者ならば、博打や悪事を重ねながら資金調達もできようが、一般の人々にはそのようなことはできかねた。このため合力を受ける必要があるが、ただ兵助の場合は一方的な合力だけに依存せずにすんだ。というのは兵助は身につけていた、和算・そろばんや家相見の知識を生かすことができたからである。兵助は宿をもらった家の者にそろばんや和算を教えたり、また家相を見てあげていた。そろばんや算術の教えを受ける希望が強く、わざわざそのために逗留していることもある。たとえば、丹波の猪崎村の辰兵衛方では息子に五日間も逗留してそろばんを教えている。当時の全国各地の農村では寺子屋が普及してきたために、そろばんや算術を習いたいとする人々の熱望が生まれていたのであった。このため兵助のようなそろばんや和算を教えられる者は大いに村方で歓迎されたのである。

日本左衛門の逃亡旅のネットワーク

諸藩の犯罪者も兵助のように藩領を越えて他領へ逃げ込めば、捕まる心配はなくなる。このため、幕府領や旗本などの知行地、小藩の領地が入り組むような地域では、犯罪を起こした者の捕縛が難しくなり、犯罪者や彼らを生み出す博徒などの集団が跳梁跋扈《ちょうりょうばっこ》するような状況となる。近世後期の関東農村はまさにこのような状態となったために、幕府も放置できずに八州回りを設けて、彼らに領地を超えた捕縛を許した。また、幕府は重要な犯罪者は全国に手配書を回して、捕縛しようとした。

幕府から人相書きを回された犯罪者の中でも著名な者に、盗賊の頭であった日本左衛門がいる。彼は歌舞伎、白浪《しらなみ》五人男の日本駄右衛門《にっぽんだえもん》のモデルとなった人物で、名古屋無宿十左衛門こと浜島庄兵衛という、二九歳の若者であった。延享五年（一七四八）九月十八日に遠州西坂町万左衛門方から逃げてからの彼の逃亡経路は、彼自身の白状によると次のとおりであった（『編年雑記』）。

まず知り合いの遠州秋葉山麓、大谷村万三郎を訪ね、彼の母より逃げる道筋を教えられ、二十一日には美濃の垂井宿の茶屋で、知人の博徒の浪人者伊藤茂太夫に頼み五、六日逗留し、金一五両もの大金を融通してもらい、その後大坂へ出てから金毘羅へ参詣することにした。十月九日に金毘羅に着き、茶屋で逗留した際には土地の博打場で知り合った博打打から金二四両も貰い、その後、宿で知り合った人物の手配により播磨室津へ戻っている。同十九日には、摂津の博打打岩村金十郎方に六、七日世話になったりしたが、同地でお尋ね者の手配がされていることを知ったために、九州へ向かって逃亡をはかった。十一月九日に安芸宮島の茶屋に立ち寄り、次に知り合いの周防の海賊を頼って仲間へ入ろうとしたが、やめて下関の魚商のもとに世話になり、船証文を都合してもらい備後鞆《とも》へ戻った。それより大坂・伏見・奈良をへて知人の浪人を訪ねて長谷・三輪に行き、さらに高野山参詣後に知人の浪人を訪ね、その後は堺・大坂をへて京都で奉行所へ出頭しようとした。しかし、やめて伊勢参りをした後に京都の奉行所へ自首している。

以上の、日本左衛門の逃亡旅をみると、知人の博打打や浪人を頼った旅となっており、彼らから援助されたかなりの大金を資金に逃亡している。すでに盗賊の頭目として著名となっていた日本左衛門は、各地に同類の知り合いが多数おり、また逃亡先の博打場で博徒などとすぐに親しくなって、彼らから逃亡のためのさまざまな手助けがえられた。日本左衛門は彼らの家や滞在する宿を宿舎としているが、この時期の彼らは木賃宿《きちんやど》などではなく、本来は宿泊できない茶屋を宿に利用している。また、逃亡に当たっては、金毘羅参りや西国の著名な寺社参詣、伊勢参宮などをも組み込んだ旅をしている。彼らが身を隠すに都合がよいのは、旅人が多い霊場巡りや参宮の旅であった。

逃亡する犯罪者は、同類の博徒や盗賊などを頼って旅をし、博徒らも金銭その他のできる限りの援助をしていた。旅役者が添え状持参にて興行師を頼って各地を旅したのと同様に、犯罪者もいわゆる同業の博徒・ヤクザ・盗賊の集団のネットワークの中で旅するために、大物の犯罪者の場合は容易に捕まえられなかった。しかし、日本左衛門も人相書が各地に回ってしまったことを知るとさすがに観念して、伊勢参り後に奉行所へ出頭するように、彼らの逃亡の旅は大変に神経を消耗するものであった。

遍歴・遊歴旅人と村・町

遍歴する人々

中世社会前期には、遍歴・漂泊する人々が社会の中で無視できない存在であったとされている。職人も商人も定住することなく遍歴し、農民の定住性も必ずしも安定していなかったが、その後彼らの定住化や定住性の安定化が進んで行った。近世社会になると、農民の定住性が強化されただけではなく、商人・職人の定住化も一段と進んでいった。しかし、依然として遍歴する人々が社会から消えたわけではなかった。近世社会にも、各地の村や町を訪ね旅をする、巡礼・六十六部（六部）その他の宗教者や虚無僧《こむそう》・山伏などがいた。

行商人や出稼ぎ職人の場合はもちろんのこと、家船の人々や瞽女《ごぜ》などの場合も帰るべき

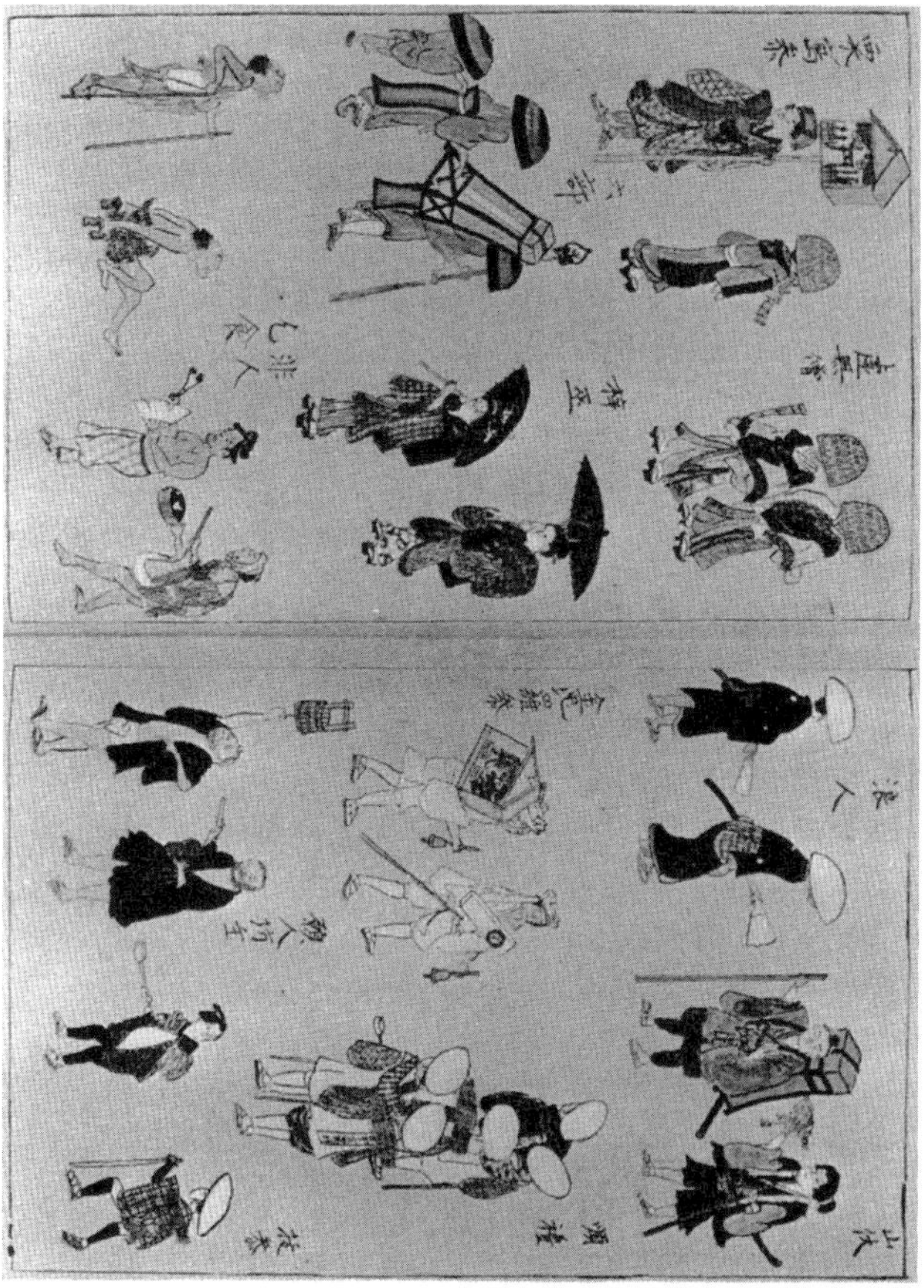

図6　長岡地方の遍歴旅人（『越後長岡年中行事・懐旧歳記』より）

根拠地や家がないわけではなかった。しかし、彼らに対し、まったく帰るべき家を持たずに遍歴して、旅に日々を送る人々も多数存在した。『越後長岡年中行事・懐旧歳記』は、近世後期の領内を遍歴した彼らを絵入りで紹介している（図6参照）。中には抜参りなど遍歴人とはいいがたい者もおり、また紹介された者にも帰るべき故郷や家のある者がいないわけではないが、彼らの多くは村・町を遍歴しながら暮らしを立てていた人々であった。安藤広重も「道中風俗」（図4参照）という二点の絵にて、一般の旅人とともに、六部・金毘羅参り・巡礼・比丘尼・虚無僧などの遍歴する旅人を描いている。

元禄時代の東海道を旅したオランダ商館医ケンペルは、旅人の多いことと、さまざまな物乞いが多数街道で暮らしを立てていることに驚いている。さらに中期以降になると、困窮して村で暮らせなくなった人々が、巡礼・六部などに身を投じ、また武家で牢人した者も謡で合力を請う浪人になっていったのであり、ケンペルが観察した物乞い、合力《ごうりき》を受けて日々の暮らしを立てる人々は、他の街道でも多数みられるようになってくる。

合力旅人の増加動向

遍歴して合力をえながら旅する人々は、時代とともに増加していった。凶作・飢饉の際には、村を捨て一時的に他所で物乞いをしながらその日その日を切り抜けようとする農民が一時的に増大した。しかも、時代を追って少しずつこうした人々は増加した。

合力を求める旅人が増えては、合力を求められる豊かな村人も個人でそうそう負担していられなくなる。このため村として彼らへ合力銭を渡すようになり、支出した分は村入用帳に記載されるようになるのである。

だが、村入用として合力銭を処理する村がいっせいにみられるようになるわけではない。それは、村の住民の階層構成の特徴と、合力旅人の増加動向に規定されている。武蔵国の場合をみると、最も早く村入用で処理するようになる村は新田村であった。開発されてからそう何世代も経過していない場合は、新田村の村民の経済力に大幅な格差ができることはなく、多くの農民の経済力が均等している。このため村役人だけが合力負担を負うのではなく、村民全体で負担しようとする動きが早くでることになる。一方、他村の場合は、当然ながら合力旅人の増加動向に規定される。旅人の多い平場村が僻地の山村よりも村入用への転換は早いし、また平場村でも主要街道筋の村が、脇道に面した村よりも早くなる（深井『幕藩制下陸上交通の研究』）。

右のように、村入用帳をみれば、村へやってきた合力を求める旅人の実情がつかめることになる。まず、武蔵国についてみると、平場農村の下丸子村の場合、交通量の多い街道筋になかったので、村入用帳に合力銭負担の記事が出るのは遅く寛政十三年（一八〇一）であり、浪人二人へ負担していた。ところが、文化七年（一八一〇）には浪人・虚無僧など七人、翌年に浪人・勧化《かんげ》九人、それがさらに天保二年（一八三一）になると浪人二一人、座頭など計四三人、天保四年に浪人一三人、座頭・僧など計四四人に増大している（『大田区史』史料編・平川家文書二）。化政期に合力旅人が増大していったこと、しかも浪人の増加が著しかったことがわかる。次に武蔵国でも山間地の秩父郡大里村では、寛政元年に浪人・座頭各一人の負担が、文化十二年には浪人・山伏・僧・虚無僧・行者などの宿願いの木銭米代《きせんまい》として一二〇〇文も負担している（埼玉県立文書館蔵森田家文書）。やはり化政期に浪人をはじめとする合力を求める旅人の回村が増加していったことがわかる。

関東地域の幕領だけではなく、地方でも合力旅人は増加していた。北国街道に近い北信濃の辻屋村など一〇ヵ村は、坂上村組合というものをつくっていたが、その文政二年「諸奉加並浪人月番帳」によると、同年に一九五人の合力旅人が来ている。そのうち一三一人もが浪人であり、このほかは僧侶三一人その他であった（『信濃町誌』）。この時期の北信地域にも浪人が多数流れて来ていたことがわかるが、月別の来訪数をみると、降雪期の十二月・一月にも減ることはなく、八月や九月と同じ程度の人数が訪れている。日々遍歴する旅人の場合は、積雪期間だからといって旅を止めるわけにはいかないためである。加賀藩領でも、越中の北陸街道小杉宿が宿に困った者へ差宿する負担は、弘化二年（一八四五）に年中無宿者宿余荷銭《やどよないせん》として九貫三〇〇文が支出されていた（大門町立図書館木倉文庫文書）。

縄張り

伊勢の御師や出羽三山、越中立山の宿坊などは、それぞれ地域ごとの得意客を持っており、この地域を旦那場や霞場といって、互いにこの縄張りを犯さないようにしていた。合力をえながら旅する人々も、全国の寺社をめぐる六部や修験《しゅげん》などは別として、特定の地域だけを回って暮らす人々もいた。虚無僧や浪人などは、同じ虚無僧や浪人が多数回るようになると、合力がなかなかえられなくなるために、他の虚無僧・浪人を排除して、特定の村を自分たちの縄張りに確保する動きが十八世紀後半以降にはみられるようになった。

明和七年（一七七〇）六月に、武蔵国新町村にある普化宗鈴法寺から同国熊川村に対して証文が出されている（石川元八家文書『福生市史資料編』近世二）。証文によると、熊川村を鈴法寺の留め場に定め、夏秋の二度村の家々を回って米を集めるので、他宗他寺院の虚無僧が回っても托鉢や止宿をさせないようにと定められている。この頃の明和五年八月には、武蔵国小久喜村に浪人が大勢やってきている。このとき村と彼らの間で霞、つまり留め場の相談をしている（埼玉県立文書館蔵鬼久保家文書）。宝暦・天明期の頃には虚無僧寺院や浪人グループが特定の村を縄張りにする動きが生じていたことがわかる。化政期以降には浪人が多数各地の村々へ押しかけて来ていたが、こうした動向を踏まえて浪人の留め場を求めた動きが幕府により禁止されている。たとえば、天保十四年（一八四三）七月に出された触では、浪人が廻り場・留め場と称して、合力を願いに廻るので取り締まっている（『牧民金鑑』下）。

だが、留め場の設定は、虚無僧・浪人側の意向だけで行われたものではなかった。多数の虚無僧が村へ入っては負担が大きくたまらないため、彼らの村への立ち入りを止められなくなると、村側から特定の寺院やグループの留め場にする動きもみられた。事例はだいぶ後のことになるが、弘化三年（一八四六）七月に、川崎宿は虚無僧の止宿と托鉢修行について神奈川宿の西向寺と交渉している。その結果、一年金二両二分にて同寺の留め場にすることを定めている（「川崎宿問屋記録」『川崎宿関係史料』一）。

なお、浪人・虚無僧が縄張りをつくるようになるだけではなく、東国の主要街道筋では、近世後期にはやくざ者が跋扈するようになっていた。宿場町などの町場の人足を掌握するやくざ者は、博打を通して彼らを身動きできないようにし、また店頭が各宿場町の飯盛旅籠を掌握し、彼らやくざ者の勢力争いも引き起こされ、やくざの縄張りも作り上げられていった。宗教者の持ち場以外にも、近世後期には各種の権益に群がる人々により、すくなくとも東国では主要街道筋やその他の農村部にも縄張りが形作られていった。

遍歴・遊歴旅人の旅

修験・六十六部の旅

六十六部（六部）は全国各地の寺社を巡り納経の旅をするが、修験者も修行のために各地の霊山・寺社を巡る旅をすることがあった。また、巡礼の場合は、西国三十三ヵ所や四国八十八ヵ所などの定まった霊場を巡る旅をするが、日々の生活維持のために巡礼となった人々の場合は、霊場の地域を主にして各地を巡ることもする。とりわけ四国では乞食巡礼が多数存在したことがよく知られている。文政年間（一八一八～三〇）の中山道蕨《わらび》宿の記録には、諸国廻国の者が旅ができないとして、合力をえやすい旅僧に姿を変えたことを記している（前出『蕨の歴史』史料編）。このことは四国のような土地は別として、全国各地を廻国する六部などの旅が容易でなかったことを教えてくれる。

修験者野田泉光院の著名な旅記録『日本九峰修行日記』からは、近世の修験者や六部・巡礼などの合力を請けながら旅する人々の旅の実態がよくわかる。彼の旅については宮本常一氏らにより紹介されているが（宮本常一『野田泉光院』ほか）、次のようなものであった。

山岳を修行の場とする泉光院のような修験者の場合は、各地の主要街道だけを利用するような旅ではなく、脇道のような道も自由に選んで、こうした道を盛んに利用した旅をしていた。そして、旅の費用は道々合力をえながら調達し、毎日の宿もできる限り、道筋の村々で提供を受けて旅をした。村の中には、修験に宿を貸さないことを決めている村もあるため、この場合は、寺庵に頼み宿を取ったりしている。また、修験者は加持祈禱を行えるので、泉光院に祈禱を依頼する者もいた。各地を巡っているために、修験者から各地の様子を聞いたり、また俳句やお茶その他の指導を受けることを望む人々もいて、求めに応じて話したり、教えたりもしていた。修験者など旅人は情報伝達や文化伝播の役割を果たしていた。

泉光院の旅の記録では当然ながら、他の合力をえながら旅する人々の姿も伝えている。

ある村で廻国人に宿を貸す家へ行ったところ、盗目とされる六部や女性、また病人の六部などいろいろな六部が泊まっていたという。このほか各地でさまざまな六部などと出会っているが、あるときはやむなくお堂に泊まろうとしたところ、異類異形の人々が多数泊まっているので、さすがに泉光院もひるんで泊まるのを止めている。

座頭・瞽女の旅

盲人の女性には、瞽女《ごぜ》として各地を遍歴しながら、三味線を弾き歌をうたいながら旅する一群の人々がいた。安藤広重の「東海道五十三次」(保永堂版)の二川宿の場面に彼女らも登場するが、遍歴をするといっても全国を回るわけではなく、彼女らはそれぞれある程度限られた地域を回ることになる。

近年まで残った瞽女としてよく知られているのは、高田の瞽女である。高田の瞽女は仲間を作っており、文化十一年(一八一四)の仲間議定証文の写が残されている(上越市文化財審議会編『高田ごぜ』)。議定に連名している瞽女は五六人もおり、議定ではどのような事が起こっても、仲間で相談し解決することを定めている。なお、戦後の調査であるが、瞽女には親方と晴眼者の手引がおり、親方の下に何人かの弟子が養女となって同居していた。何軒かの親しい家が組を作り、組が集まって仲間を構成し、彼女らが廻村してえた米銭を組内で均等に人数割りにしていたという(同前)。文化期の議定に連名する瞽女をみると、刃物鍛冶町・本杉鍛冶町・上紺屋町のように七、八人の瞽女のいる町がある。これは弟子を抱えた家を含むためであるが、居住町からうかがう限りどの瞽女も弟子を抱えていたわけではない。

町場と違って村方では、歌・三味線の芸で人を楽しませてくれる瞽女は貴重な娯楽提供源であり、また自分の孫・子も盲目になる場合があるため、彼女らは村人から忌避される存在ではなかった。このため武蔵国の各地の村入用帳をみると、近世後期に増大する浪人などと違い、瞽女・座頭への合力宿銭の登場は早く、早くから瞽女は座頭とともに地域の村々を回り暮らしを立てていたことがわかる。たとえば、武蔵国小川新田村の村入用帳では、寛延三年（一七五〇）に瞽女・座頭そのほかの宿をやむなく申し付けた者への合力宿銭が登場する。

グループで廻村する瞽女ばかりでなく、中には一人で琴・三味線を教えながら各地を回った盲人の女性も存在した。たとえば、文政十一年（一八二八）の蕨宿に、しばらく滞在して琴・三味線を稽古するとの送り書を持参した盲人女性一人が宿継ぎでやってきている（前出『蕨の歴史』史料編）。

また、座頭の場合は、按摩・灸治療などで地域を回ったが、瞽女同様に彼らも広重の浮世絵に登場し、旅の哀愁を表現した。後期の蕨宿の記録（同前）をみると、さまざまな盲人が宿継ぎや村送りで来ている。これから、検校《けんぎょう》の手形に加えて諸国順在帳や順廻帳を所持して全国を継ぎ送りにより回る盲人のいたことがわかる。文政十年には玄栄坊や備前の文永、同十三年には越前三国の清雪という盲人の事例が知られるが、中には中年で盲目となったために検校の官職をえて出世するためとして、検校手形を持って町在順行する盲人や、諸国の神社仏閣参拝の旅と称する盲人もやってきている。

浪人・武芸修行者の旅

慶安事件の存在でよく知られているように、すでに十七世紀中頃には多数の浪人（牢人）が発生していた。浪人の中には暮らしをたてるために、やむなく謡をうたって銭をもらいながら各地をめぐる者も現れており、『元禄世間咄風聞集』にはこのような浪人者がすでに登場している。

先に紹介した武州の村々の村入用帳によると、化政期には窮迫して合力を乞う浪人者が増加していた。化政期の初めに刊行された十返舎一九の『東海道中膝栗毛』の挿絵にも、謡をうたい合力をえる浪人が登場する。近世後期の各地を回る浪人は一人で旅をするのではなく、グループを組む者が多かった。こうした浪人は謡により合力をえようとする人たちではなく、武力で威圧して合力をえようとする者が多かった。他の浪人を排除して特定の村から毎年合力をえようとする浪人者は、まさにこのような存在であった。

浪人者排除のために、関東では組合村の結合が強化されることは後にみるところであるが、村人が一致して浪人を実力排除しようとすることもあった。ちなみに、下総を旅していた小林一茶は、文化八年（一八一一）の下総国鳩山村で宿泊を願い出た五人の浪人者と名主が争いとなり、浪人が名主を切り殺し、他の農民にも切りつけて逃走する悲劇的な事件が起こったことを書き留めている（『一茶集』古典俳文大系）。

村・町を巡り旅する武家には、浪人以外に武者修行の侍も存在した。藩士の中でも武芸に秀でた若者は、各地を巡って腕を磨くのが武芸上達の道と考えられていたために、藩から許されて武者修行に出る者が多かった。飛驒往来、富山藩口留番所の記録から天保七年（一八三六）に通行した武者修行者をみると三人いるが（猪谷佐藤家文書）、このような脇往還を彼らが往来していたことを考慮すれば決して少ない数とはいえない。佐賀藩士の二刀流使い手、牟田文之助の「諸国廻歴日録」（前出）という、嘉永六年（一八五三）から全国を回った武者修行旅の著名な記録がある。彼が出立翌日に滞在した久留米の宿屋には、諸藩からの槍術修行者六人が泊まり合わせており、全国各地を武芸修行する武士の多かったことがわかる。また、武芸修行者の泊まる宿として修行人宿というものが設けられた町があり、東海道の城下町吉田では本陣が修行人宿になっていたことも日録からわかる。なお、文之助は江戸で長期間、藩邸に逗留し、他流試合を盛んに行っている。斎藤弥九郎道場へは他と違って菓子箱持参のうえ正装して訪ね、翌日の稽古を許されたが、初日は門人としか稽古できなかった。桃井春蔵道場へは仲間と四人で直接稽古を申し入れ、さっそく門人すべてと手合わせしたが、ここでも桃井との稽古は断られている。男谷精一郎道場では精一郎が負けても問題のない老人になっていたためか手合わせを受けられた。また、長沼庄兵衛道場のように相手するのを断られた所もあるように、道場主にとり武者修行者との稽古は、時代劇にあるようにやはり用心しなければならないものであったことが、日録からよくわかる。

浪人以外の武家の場合は公用以外の旅がしにくかった。このため各地を巡る際に、伊勢神宮その他の寺社への参詣や、また各地の名所も見物できる若者の武者修行の旅は、武芸上達だけではなく、彼らが見聞を広めるためのまたとない機会であったことも日録からわかるのである。

旅芸人の旅

芸人にはさまざまな人々がいる。三都をはじめとする大都市の舞台や座敷で常に活躍できる芸人ばかりではなく、地方を興行に回る芸人が多数いた。

尾道のある町の逗留願いに出てくる芸人を、文化十五年（一八一八）三月からの一年間についてみると、次のような芸人がいた。カッコ内は出身地と件数である。三味線稽古（京都1件）、三味線弾き（大坂1）、座敷三味線（岡山1）、座敷浄瑠璃（京都2・備前山中町1）、太神楽（伊勢桑名太夫村1）、噺《はなし》・座敷噺（伊勢山田1・大坂2）、のぞき（高松1）、越後獅子（越後月形村1）、能役者（岡山1）

ここではいわゆる旅役者は出ていないが、浄瑠璃語り・噺家・三味線弾きの芸人の他に、出稼ぎの太神楽・越後獅子舞などもみえる。

越中の湊町氷見にも多数の芸人がやってきていたことが、近世後期の町役人の日記からわかる。氷見には常設の演芸小屋などないために、浄瑠璃・軍談語り・噺家などの芸人は宿屋の部屋を借りたり、また土地の人の家に呼ばれて興行をしていた。上方・江戸からくる芸人ばかりではなく、加賀藩は広大な領域をもっていたために、軍談語りのように金沢の芸人が興行のために回って来ていた（「応響雑記」陸田家文書）。

このように常設小屋がなくとも、芸人は旅先で部屋を借りて興行したり、遊郭・料理屋・茶屋の客相手に演ずることができたため、各地を回って旅する芸人が多数いたことは、尾道や氷見からうかがえる。その際、とりわけ問題になるのは、芸人・役者と客を媒介する小屋や宿その他の演芸する場を押さえている人々の存在である。現代では興行社などが存在するが、当時も同様に興行を世話する稼業の者がおり、彼らの世話を受けて興行を行うことになった。

さて、近世後期の奥羽・越後などを旅して回った富本節浄瑠璃語りの繁太夫という人物が記した『筆まかせ』という著名な旅記録があり、彼の旅は多くの人により紹介されているので（新城常三『庶民と旅の歴史』ほか）、同記録により芸人の旅で注目される大事な点だけを簡単に指摘すると、次のようなことがある。まず、芸人は座元という興行師の下で興行を行い、次の興行には座元の添状《そえじょう》を持参して次の土地で興行をするというように、紹介状の添状持参による旅をしていた。盛岡で長期間世話になった人物は博徒あがりの人物であり、また鶴岡で世話になった人物は女郎屋を営み町の目明しに睨みをきかせた顔役であったが、座元には目明しがなっている所も多く、芸人は目明し・やくざといやおうなく関係をもつことになっていた。また、仙台藩のように座頭へ浄瑠璃語りの特権を与えている所があり、同地で浄瑠璃興行をするには座頭へお金を払わなければならなかった。なお、座元の小屋だけではなく、呼ばれればどこへでも出向いて座敷を勤めた。

旅芸人が目明し・やくざのかっこうの餌食となる存在であったことは、彼らの紹介で興行しなければならないことでわかる。繁太夫は、南部藩の黒沢尻で木戸をまかせた目明しに木戸銭を大分ごまかされてしまっている。このほか同藩では他領者の滞在を限定しており、興行のためにしばらく滞在したくても、目明しがやってきて追い立てるために、彼らに目こぼしのお金を出したりしなければならなかった。また、旅先の雲助・川越人足も旅役者や旅芸人に対しては、町人・農民よりも格下の存在とみてか、酒手をひどくねだったりして彼らを困らせていた（『牧民金鑑』）。

行脚・学芸者の旅

松尾芭蕉が奥の細道の旅に出たのは、西行の遺跡を訪ねるためであったが、芭蕉以降には、彼の旅した跡を訪ねて、奥の細道の旅へ出る俳諧師や俳諧に傾倒した人々が多数登場することになった。また、奥の細道だけではなく、全国各地の名所・旧跡を旅しながら、俳諧の道を極めようと行脚《あんぎゃ》する人々も増大した。

一方、各地で行脚を迎える人々も多数存在し、彼らを迎えて句会を開くことを楽しみにしていた。越中の湊町氷見も近世後期に俳諧が盛んであり、町役人の日記によれば、行脚俳人を迎えると歓待するだけではなく、俳諧談議をし、俳諧興行も行っていた（前出「応響雑記」）。

幕末の弘化四年（一八四七）に、筑後の俳人雪花斎が俳句の行脚旅に出ているが、書籍・筆道具や衣類などおそらくすべての所持品六七品を寺や知人へ預けて雪花斎は出立した。餞別は地域の多数の俳句仲間から受けているだけでなく、道中で出会った多くの俳人とも交流し、彼らからも餞別を貰っている（『八女市史』資料編）。越中の在町井波には越中・加賀・能登三ヵ国の俳人の寄進により建立された庵の黒髪庵が設けられ、句会に利用された。黒髪庵は行脚俳人を宿泊させるが、彼らに対してのもてなしの規約には餞別金も考慮されていた（『井波町史』上）。

また、俳諧師は、俳諧修行のためだけではなく、暮らしを立てるために、各地を俳諧の指導のために旅して回っていた。小林一茶は、寛政四年（一七九二）、三〇歳の年に西国へ旅した七年間の俳諧修行をへた後に、江戸で俳諧師として暮らすことになったが、俳壇では傍流の存在であった。そこで、十分な暮らしがなりたたないために、郷里へ戻るまで一茶に理解のある房総地方の俳人の間を回り、彼らの指導をしながら過ごしていたのである（前出『一茶集』）。

俳諧だけではなく、村や在町の人々は、城下町や三都から指導に回ってくる芸能者・学者の指導を心待ちにしていた。越中の村・町の有力住民は富山だけではなく、金沢の芸能者・学者を招いて指導を受け、学芸・文化の研鑽にも努めており、師となる人々は泊まりがけで村・町で指導に当たっている。たとえば、幕末期に金沢町人の番代甚左久は越中のある村から招かれて、村へ謡曲の指導に出かけたりしており、また近世後期の氷見の町でも謡曲指導に金沢町人がやってきて希望者に教えていた（若林喜三郎校訂『梅田日記』・前出「応響雑記」）。このほか氷見の町人は富山や金沢から来る儒者や儒学の造詣《ぞうけい》の深い人に漢学についての指導をえていた。たとえば、文政十年（一八二七）と同十一年には富山の儒医岡田随筌《ずいせん》が加納屋七右衛門方にしばらく滞在して『論語』『蒙求』の講読を行っているが、これには上層の住民が参加している。また、天保・弘化の頃には、金沢の儒者上田作之丞が氷見に来て、上層町人に対して儒学を教えている（前出「応響雑記」）。

このように俳諧だけではなく、学芸や伝統芸術に関する関心が一段と高まり、優秀で著名な師に教えを乞う気持ちを持つ人々が地域には増大していたために、三都の文人や学芸者・芸能者は地方で一段と歓迎されることになった。三都の人ではないが、近世後期に生田流箏曲の名人として知られた盲人の葛原勾当《くずはらこうとう》は、たびたび箏曲指導のために遠方の土地へ旅に出ていることが知られる（小倉豊文校訂『葛原勾当日記』）。和算のような学問も、初歩的なものも含めて指導を熱望する人が各地に多数いた。越後の在町水原の和算家山口和は、化政期に全国をめぐって和算を教え、その道中日記を残していることでよく知られている人である。山口は旅先の和算家とはつとめて交流し、和算の問答をし、また寺社参詣も兼ねて神社の算額を見て回り、自身の和算の学を深めることに努めるとともに、教えを乞う人に指導をして全国を回っている（佐藤健一ほか編『和算家山口和の「道中日記」』）。

旅と権威・神仏・動物

権威・御威光の旅と土下座

上洛・日光社参と武威・土下座

将軍の旅は、幕府権威の確立と維持のために行われた上洛と日光社参が代表した。初期には徳川政権確立のために家康・秀忠・家光がたびたび上洛したが、寛永十一年（一六三四）の上洛の翌年には武家諸法度を改定し、参勤交代を制度化するなどして将軍権力が確立したためか、その後上洛は途絶えることになった。しかし、幕府権力が大きく揺らいだ幕末の文久三年（一八六三）に家茂により上洛がまた実施された。そして、上洛が途絶えたあいだには、家康がまつられた日光へ、将軍が多数の幕臣・大名を引き連れた社参を実施し、幕府権力の維持のための旅を行っていた。

将軍が旅することは、将軍自身が危険にさらされる可能性を生むことであり、このためにも大軍を引き連れて行われた。しかし、旅の際に本拠地江戸を将軍が留守にすることは、反幕府勢力の決起を生む機会を与えるとの危惧《きぐ》を幕府当局者に与え、社参の際には厳重な関所固めを実施するが（「永井本陣日記」『群馬県史料集』）、警戒を敷くのは関所だけではなく、遠国地域でも厳重な警戒体制がとられた。安永五年（一七七六）の社参のときに、西国警戒のために板倉摂津守の子、主水が在所地庭瀬へ下っているが、社参の間、領内取締りのため、郡奉行らに廻村を申し付けている（矢掛宿『宿方御休泊留』）。このように、将軍が旅に出るときには、大軍が随従し将軍を守護する一方、江戸防衛のために関所が厳戒体制に置かれるとともに、遠国の重要地点の警戒も強化されたのである。

大軍を擁した将軍の旅は、将軍の権威を示すパレードであり、将軍の威光と武威を示す格好の機会であった。幕末の上洛に際しては、将軍のこうした旅が浮世絵のための格好な題材となり、たとえば錦絵の五五枚からなる「御上洛東海道」などが刊行されている。

なお、将軍の通行に当たって沿道の住民は、単に下座するだけではなく、はいつくばう土下座をする必要があった。河鍋暁斎が描いた右錦絵中の「高輪牛ご屋」には、土下座する沿道の民衆が描かれているが、天保十四年（一八四三）の日光社参の際に出された触によると、御通り筋の宿村に対して、女子供は軒下に、男は家の土間で平伏させ、家並みがない所は、並木から五、六間下がって同様に平伏するように命じている（「日光参詣御用留」『浦和市史』三）。ここから、当時の男性と女性・子供の取り扱いの区別がよくわかる。ちなみに、この時、大勢の人々が拝見のために沿道に押し寄せたが、土間には敷物を敷くことも許されなかった（「記録」『越谷市史』四）。

朝鮮通信使の旅と下座

将軍の代替わりごとに朝鮮通信使が派遣される。このような外国使節の来訪は将軍の権威を高める役割を持つために、幕府も使節の通行に必要とする人馬を国役で沿道の諸国へ賦課するなど、大切に処遇した。また、薩摩藩の支配下にあった琉球に対しても、わざわざ中国風の使節にしたてて江戸へ派遣させ、幕府は琉球使節にも国役負担で人馬を徴発した。

朝鮮通信使の来訪は、将軍権力を強化する役割を果たすだけではなく、すぐれた朝鮮の文化や漢学などの学問につき関心を抱く人々に与える文化的な影響が大きかった。使節が来日すると、教えを受けに多くの文人が宿舎を訪ねたが、使節を迎える沿道の人々にとってもまたとない行列の見物であり、京都では一行の行列が将軍上洛、三宝院・聖護院両門主の入峰行列とともに三壮観と評された（『金谷上人行状記』）。

図7　朝鮮通信使（神戸市立博物館「朝鮮人来朝図」より）

正徳元年（一七一一）七月の法令によると、朝鮮通信使の通行で最も重要なのは、朝鮮王の国書を載せる輿《こし》であった。輿が通る時には、笠をぬぐ必要はなかったが、下馬・下座が必要とされた。下座などが必要なのは国書のためであり、国書のない空輿には下座が不要であった（『享保集成糸綸録』）。こうした朝鮮使節の行列を、庶民がどのように見物していたかについてよく示してくれているのが「朝鮮人来朝図」（神戸市立博物館蔵）である（図7参照）。桟敷内で行儀よく行列を拝見する見物人もいるが、手前の見物衆は団子を食べたり、茶を飲んだり、また乳を赤子にやる女性などまったく自由に行列見物をしている。ロナルド・トビ氏は、洛中洛外図などの絵画や法令により、見物人の行儀について検討しており、指さし・高笑いする見物人が多いことを指摘している（『朝日百科・日本の歴史』別冊一七）。幕府は町人・農民に対して、朝鮮国の国書を乗せる輿に対する下座を徹底させることがなかっただけではなく、行儀よく行列を拝見することも徹底させなかったが、これは朝鮮通信使の行列が民衆に見物させる対象であったこと、すなわち幕府に従う外国のイメージを植え付けるものとして幕府に理解されていたためである。

大名の参勤交代は、大名の幕府への従属と大名財政の圧迫化のために実施された。参勤交代の際に大名は鉄砲・武具も持参するが、幕府に対して軍役を果たすことを大名の重要な務めとすることを考えるならば、それは当然のことである。また、旅先での不測の事態に備え、防備のためにも幕府は鉄砲・武具の持参を認めたが、これは鉄砲・武具を装備する軍団の大名を幕府が臣従させていることを示すためにも必要なことであった。

参勤交代と武威・下座

また、参勤交代の旅は、領民に対して大名の威光・武威を示す大事な機会ともなった。加賀藩のような広大な領地を持つ大名の場合は、大規模な行列を組むだけに、一段と沿道の領民に藩主の武威を示すことになった。近世後期の加賀藩の場合、参勤交代の際には沿道の領民が御通盆という祭礼を行うことを命じられたように（「応響雑記」陸田家文書）、参勤交代は支配維持のための重要な手段として使われた。他方、参勤交代は大名自身の存在と彼らの武威を他領民や天下に示す重要な機会にもなった。もっとも、随行者などについては幕府が大名の石高に応じた規制をしているが、規制以上の旅をするならば経済的に大きな負担となった。反対に旅費を極端に切り詰めるような旅をしつづけ、沿道の人へ経済的に潤すことがまったくないと、大名の評価を落とすことになる。たとえば、信州岩村田藩主内藤豊後守は「袖からボロが下がり藤《ふじ》」と雲助の道中歌ではやしたてられ、参勤交代路の雲助や沿道の他領民から軽視された例が知られている。

窮迫した大名も、体面上きちんとした装いをして参勤道中を行うが、江戸の上流文化に接している大名の通行は、沿道の本陣や宿役人など上層住民に対して大きな文化的影響を与えた点も無視できないのではなかろうか。大名は公家のように短冊を与えることはないが、大名が持参する道具や衣装の趣は、とりわけ彼らを迎える本陣の調度品に影響を及ぼすのは間違いない。また、全国各地へ江戸の文化を伝えた点で、参勤交代の文化史的意義は大きかった。

ところで、大名行列を迎える沿道の人々は土下座をするものと一般には考えられている。先にみたように将軍の旅には沿道の農民・町人は、敷物も許されずに土間で土下座をしたが、しかし、大名に対して領民以外の人々が土下座をする必要があるのであろうか。安永五年（一七七六）に江戸への旅をしたオランダ商館医ツュンベリーは、大名行列に対して沿道の人々は地面にひれ伏すと記しているが（『江戸参府随行記』）、この記述は正しいのであろうか。この点につき、参勤交代を迎える人々を浮世絵などの絵画から見ることにする。念のためにふれておくと、幕末の将軍上洛図にみられる土下座の図を参勤交代の図と見間違えている場合が多いので、このような図は除く必要がある。

安藤広重の「東海道五十三次」（保永堂版）をみると、品川図（『浮世絵大系・東海道五十三次』）には武家の一行を見送る人々が描かれるが、これはおそらく大名行列とみられる。そこに描かれた山蔭にいる旅人とみられる人々などは、平伏などせずにしゃがんでいるのに対し、茶屋女などは立ち姿のままで、しかも行列が最後のためかそっぽを向いてさえいる。同じ広重の「木曾街道六拾九次」の加納図（『浮世絵大系・木曾街道六拾九次』）は、旅人が膝を曲げて、会釈もせずに大名行列を迎える姿を描いている。

五街道以外で他藩の大名の参勤交代を迎える宿場町の姿を描いている絵画に、備後神戸宿について描いた『菅波信道一代記』の挿絵図がある（図8参照）。天保三年（一八三二）に黒田家を迎えた様子をみると、やはり宿民はつくばう平伏などはせずにしゃがんでおり、みな膝は地面につけていない。そして、肝心の殿様の乗る駕籠の場面を見ると、描かれた沿道の人物は会釈もせず、また通り過ぎた場面を見ると、住民は行列の途中ではあるが、みな立って行列を見送っている。他藩の領主とはいえ大名のため、礼儀として膝を曲げてしゃがむ下座はしなければならないが、土下座などはやはりしないのであった。さらには会釈すらしない者もおり、また大名が通ればすぐに立ち上がった。年次不詳であるが、参

図８　参勤交代の風景（『菅波信道一代記』より）

勤交代の紀州侯を迎えた紀州街道住吉大社付近の状況を描いた絵巻（堺市立博物館蔵）によると、殿様の駕籠前の人々も、膝や顔を地につけることなどはせずに顔を上げたままであった。ただし、両手だけは地に付ける者が多い。

以上によると、近世後期の事例であるが、参勤交代の大名を迎えた沿道住民は、大名の駕籠が通過する際に下座はしても、顔や膝を地面につける平伏などしない所もみられた。また、大名の駕籠が通り過ぎれば、行列中でも下座をやめてしまうこともみられたようである。

心付け・入魂・袖の下

カピタンの旅と心付け

寛永十九年（一六四二）をはじめに、新任のオランダ商館長らが江戸へ参府した。しかし、朝鮮通信使の旅と違い国家の使節としての旅ではないため、彼らの旅には使用する人馬を国役賄いなどにすることはなかった。商館長らの旅もまた、幕府権威を高める役割を果たしたが、献上物以外に「阿蘭陀風説書《オランダふうせつがき》」を持参させ、外国情報を幕府に提出させられていた点で大変に注目される使節であった。また、彼らが江戸の宿とした長崎屋敷には、外国の文化や情報を求めて多くの人々が訪ねた。他方で参府は、日本の自然や社会・文化などについての情報を商館が収集する絶好の機会となっていた。このときを利用して見聞・調査した沿道の文物・自然などについては、参府旅行の日記にまとめられるだけでなく、シーボルトは『Nippon』という大著を著している。

商館長の参府には、幕府の役人も付き従い、警護するとともに彼らを監視した。そして、旅の実態は、食事などは彼らに合わせるような配慮もしたが、基本的には日本の慣行に従う旅となった。この慣行で商館医ツュンベリーが関心をもったことの一つは謝礼であった。瀬戸内海の船旅を終わると、船長・船員から従僕にまで謝礼を与えたり、江戸へ着いてから召使や乗物運搬人らに心付けを与えたことを、彼は興味をもって記録している。ヨーロッパではチップが十七世紀頃に始まったというが（平凡社『大百科事典』九）、彼が同じ慣行の心付けに興味を持つのは、労働に対する正当な対価を支払っているのに、なおかつ心付けとしてさらにお金を与える点であろう。雲助ら人足が客に酒手を強要することがしばしば行われ旅人を悩ませた。彼らの要求する酒手は心付けであり、心付け慣行を逆手にとった行為といえ、それは最底辺に生きた人々であったから可能な行為でもあった。いずれにしても心付けの慣習は広く日本社会に行き渡り、現代でも旅館などで生き続けている。

このような、労働に対する適正な賃銭支払いのうえにさらに与えられる心付けは、使用者と使用人・労働者間の人間関係の潤滑油として機能させられたのである。しかし、基本的には近世の日本社会ではこの両者が主従的な関係にたつ雇用のあり方のために生じたものではなかろうか。本来、主従関係にない第三者間の雇用では、対等な人間関係にもとづいた適正な賃金支払いだけで済むはずである。しかし、封建社会の近世社会では、縁のない人に対して勤める労働も、主人と従者・召使的な関係の労働を求められるのであり、こうした労働を受けた側は心付けを与えなければならなかった。まして、商家その他への年季奉公勤めなどをするならば、奉公人は主人に対して業務以外の面でも従属関係を強いられざるをえなかった。そして、こうした雇用者と被雇用者間の関係は、現代の中小企業や商店などにも持ち越され、また日ごろわれわれが持ってしまう〝お客さまは神様（ご主人様）〟という意識の中にも生きているのではなかろうか。

例幣使と御馳走・入魂

正保四年（一六四七）から、毎年朝廷より家康の忌日に際して、東照宮へ例幣使が派遣されている。毎年の例幣使派遣は、幕府に対する朝廷の従属を示すとともに、幕府の権威を表すものであり、例幣使通行は幕府支配維持・強化のための旅であった。

こうした例幣使らの通行に対して、幕府は懇切にもてなし、馳走の提供を必要とし、伝馬も朱印伝馬の提供を行った。このことは、特に中山道や例幣使道の宿駅と助郷住民に大きな負担をもたらした。文化十二年（一八一五）の場合、一公家通行については朱印・証文人馬として馬三九疋、人足三六七人が無料で提供されているが、元治二年（一八六五）の木崎宿では馬四四四疋、人足八一五一人の負担を負った。この年の通行には、木崎宿では三二五両もの費用を予定していた（吉田文書・中島文書『新田町誌』）。

田中丘隅《きゅうぐ》によると、元禄の頃から、幕府のお慈悲敬礼の仰せ出しが甚だしくなり、公家・殿上人、僧侶の関東往来の際の威勢が強大となり、五人五匹の朱印状による宿人馬利用が千人千疋余もかかるようになったという（『民間省要』）。しかし、この間における新井白石の正徳宿駅制改革の際にも公家については、朱印状指定外の人馬無料利用の抑制を徹底できず、丘隅の記す享保頃の事態となり、例幣使の場合は当然ながら右に述べたような状態であった。丘隅によれば、大幅な御馳走、人馬の供用は元禄頃にさかのぼるものであったが、大名など他の旅行者と違い、朝廷関係の公家の旅に大幅な御馳走を提供しなければならなかったのは、朝廷・公家がそれだけの御馳走・もてなしを受けるべき存在であると宿場住民や領主にも考えられたからであり、そうした考えが幕府の影響もあって元禄以降に一段と強まったためである。

例幣使一行の宰領・人足に対しては、宿場町側から入魂《じっこん》金を渡した。入魂は昵懇とも書き、酒代であるという（「往還諸御用留」福井家文書）。入魂金を渡すのは彼らと宿場町との間でトラブルがないようにするためで、例幣使に従う人足は、主人の例幣使の威光を笠《かさ》にきて横暴な振る舞いをしかねないので、これを避けるために出すのが入魂金だというわけである。江戸期には主人の持つ権威・威光は主人個人だけで完結するのでなく、主人の家族はもちろんのこと、従者から使役する人足にも及ぶと考えられていたためか、このような入魂金が生まれるのであった。そして、こうした家来から召使・人足にいたるまで主人の権威・威光を受けられるということは、彼らの主人への隷属性を生み出す一つの条件になったと考えられる。

沿道の宿場町住民が入魂金に相当の負担をしたのは、例幣使一行が幕府の祖の祭礼に朝廷から幣帛《へいはく》を奉納するという重要な役目の権威・威光を背景になにかと宿民へ負担をかけることが多いためでもあった。民俗学者中山太郎氏や交通史家大島延次郎氏による古老からの聞き取りによると（中山太郎「例幣使と例幣使街道」『歴史地理学』五二―五・大島延次郎『日本交通史論叢・続編』）、例幣使が入魂金を要求し、出さない場合には駕籠を揺すり、自ら駕籠から落ちるなどしてその責任を問い、金銭をゆすり取ることをしたと伝えられるほどである。公家自身がこのような行為をすると信じられるほど、一行による無心が盛んに行われたのである。

例幣使は沿道の人に、洗米十四、五粒を入れた御供米を施したが（『岨俗一隅』）、当然ながら代わりに金銭をえた。そして、その御供米は御守として扱われた（『新田町誌』）。神祭に幣帛を納める例幣使は、神官同様の立場にあるために御供米を配布できたのである。経済的に貧窮していた公家にとって例幣使になることは、多額の収入をえるまたとない機会であり、中津川宿本陣の文政八年（一八二五）から元治元年（一八六四）までの「御休泊留記」（『中津川市史』中巻別編）をみると、御供米以外にもみな礼金をえるために短冊や色紙、時には扇子なども本陣に与えており、また中には雷除け・災難除けなどのお守りや、箸・菓子を与えている例幣使もいた。宿民にとって例幣使は、下賜《かし》品に対する礼金その他の多額の負担があるものの、京都や公家の文化を伝える存在として、またお守りを配ってくれる宗教者としての側面も無視できないのであった。

とはいえ、例幣使の公家やその家来、さらに宰領・人足までが沿道住民から多額の金銭をむしりとるような行為をし、また宿泊所の本陣の什器を失敬したと言い伝えられるほどの目にあまる行為は、朝廷や幕祖の祭礼参加という権威を背景にして行われたものである。例幣使ほどひどくはないが、権威やその威光が権威に直接連なる人脈の人々にも及ぶとされる近世社会では、権威・威光を背景にした他の旅にも同様にみられるものであった。

幕吏の旅と袖の下

近年、幕府による近世社会の支配は、武力だけではなく、将軍のもつ威光を演出する日頃のさまざまな儀礼により支えられているという、見解が渡辺浩氏により主張されている（「『御威光』と象徴」『思想』七四〇）。氏は、将軍や幕吏の旅、また将軍御用の茶壺の旅なども、将軍のご威光にもとづいた旅として行われたことも指摘する。そして、先にみたように近世社会においては、権威・威光を背景にした旅では、権威やその威光が旅に随行する人々にも及ぶことになったのである。

丘隅によると、幕府役人の旅に際して宿場町では、公用の重さゆえに遠見《とおみ》をつけ、お迎えを出し、役人が羽織りを着て出向き、頭を地につけ敬うが、このもてなしのあり方は、元禄のはじめよりだんだんと重くなったという。享保頃になると「少しの公用でも御威光を売り、驕《おご》り荒れること、筆に尽くしがたし」という。また、「民は公用といえば、慎み理無理によらず、手を横たえ膝を屈して畏《かしこま》るほかなく、おおよそ公用旅といえば、もっぱら人に害をなし、貴人のお供の面々、上の御威光に驕り、誇り、そして、段々上の御威光盛んになるとともに、公用も年々負担が重くなった」と丘隅は嘆いている（『民間省要』）。

渡辺浩氏は、勘定奉行川路聖謨《としあきら》の「長崎日記」により、幕府奉行のご威光の旅に注目したが、同日記をさらに見ていくと、長崎への旅に際して川路は、供をする配下のゆすりについていてわざわざ注意している。勘定奉行川路に対しては、関東で威力を示した八州役人も土下座をするほどであり、それゆえにこそ川路は同行する家臣たちに、宿駅役人ら沿道の人々に対するゆすりを注意したのである。幕府の威光を受けた旅が、沿道住民に対して過分な御馳走を強要するにしても、その度合いは役人次第という面があった。幕吏の旅にあたっては、旅を主宰する人が随行する役人や家来・人足に対して、川路のように厳しく御馳走の強要、ゆすりを注意すれば、それなりに沿道住民の負担が減少することになった。

奉行その他上級役人の場合は、川路のように配下による旅先での不法を戒めて旅立つのであるが、実際はそのようにはならなかった。嘉永六年（一八五三）の三国街道「永井本陣日記」（前出）によると、佐渡奉行は配下のがさつ、無心取締りをしているものの、実際は宿役人が陸尺方へ先年通り酒一升・肴代四〇〇文を差し出し、下宿には酒をきらさぬように配慮し、それでも難渋を申せば御用人方へ願うことにして、もし難題を申し出ることがなければ、長持ち宰領と黒鍬へ八〇〇文を出すつもりであったという。

権威・威光の生ずるところには、権威や威光に連なる人脈のなかに権威・威光を利用しようとする者が生じる。とりわけ末端の者がこうした威光を振り回し、袖の下や入魂金を要求するならば、一段と沿道住民から反感を買うのは当然であった。しかし、威光・権威を発することのできる領主や公家の財政が早くから悪化していたことは、彼らの末端に連なる人々の経済を大きく圧迫している現実がある。こうした現実が権威や威光の旅での袖の下や入魂金要求の背景にあり、これを根絶するには幕藩領主支配の解体と、権威や威光が直接の当事者以外にも及ばない仕組みの社会ができる必要があったといえよう。

神仏の旅と旅の神仏

御鍬様と疫病神

旅に出るのは貴人や役人その他の人間だけではなく、神仏も旅へ出た。同じ信仰を持つ地域の人々の間を、次々に送られて祭られる巡り地蔵はよく知られている。村や町の氏神は、巡り地蔵のように若干の日を置いて次々に家々を回されるのではなく、一年のうち祭りの時にだけ神輿《みこし》などにより氏子居住の地域を回ったが、その際に立ち寄る所を御旅所《おたびしょ》と呼んだ。たとえば『我衣』という記録は、文政二年(一八一九)六月に板橋宿の平尾天王社が御旅へ出、翌日帰ると記しているが、神輿での廻村は氏神の旅といえる。

しかし、このような氏神の旅は、氏子の地域だけを回り、他の地域を回ることがなかった。たとえば、品川宿は北品川宿と南品川宿・歩行《かち》新宿から構成され、北品川宿は品川神社を、南品川宿は貴布禰《きふね》神社を産土神《うぶすながみ》とし、後に祭礼日も同じ日にしたが、両神社の神輿は互いに氏子の町内だけを巡行し、他方の町へ入ることはなかった（深井『幕藩制下陸上交通の研究』）。

一方、氏子や講中の間を回るのではなく、直接の信者以外の所へ旅する神もある。寺社の人足により運ばれない場合、近世の神仏は村送り・宿送りにより旅をした。延宝の頃の若狭小浜では、大竹に四手を付けた疫病神を先の宿へ送り出しているが、これは疫病流行により、国々宿送りにされて小浜に着いた神であった（「拾椎雑話」『拾椎雑話・稚狭考』）。

また、伊勢の伊雑宮から、農具の鍬をかたどった神様の御鍬様が六〇年ごとに東海地域を主とする村々へ送られていた。迎えた村・町では、大変な祭礼を催す御鍬祭が行われており（西垣晴次編著『日本民間宗教史叢書』一三巻）、名古屋の貴重な記録「猿猴庵日記」に、そのにぎやかな祭礼が描かれている。浜松藩のある農民の記録によると、明和八年（一七七一）の御鍬祭では、隣村へ御鍬様の輿を迎えに行き、豊年祭りとして歌い舞いながら輿を担い歩いたこと、またその輿は結局、箱根で止まったことも記されている（「変化抄」『浜松市史史料』四）。いずれにしても、御鍬様も村送りにより旅をしたが、近世に入り成立した村や宿・町は神仏の旅を支えたのである。

出開帳

近世社会における神仏の旅の特徴として、著名な有力な神仏さえ盛んに各地へ旅をしたことがあげられる。幕府が有力な寺社には朱印地を与えたといっても、堂塔伽藍の維持は大変な物入りで、寺社だけではとても負担しきれなかった。しかし、幕府や大名が必ずしも援助できるものではなく、とりわけ領主財政の悪化する中期以降には、領主の援助をあまり期待できなかった。このため幕府も寺社の他領他地域での浄財を募ることを認め、各地での勧化《かんげ》を許した。しかし、多数の寺社の勧化が行われた化政期以降には、村々では寺社の勧化は負担以外の何物でもなく、当然に浄財も集まりにくくなった。

こうした問題を解決してくれるのが、寺社の重要な神仏が江戸その他の各地へ赴く出開《でがい》帳《ちょう》である。寺社の所在地へわざわざ出向かなくとも、寺社の秘仏や重宝が拝観できるとなるならば、大勢の人々が拝観に訪れることになり、こうした参拝者からの賽銭や拝観料で寺社は多額の収入をえることができた。

地方の有力寺社の出開帳のメッカはやはり江戸である。『武江年表』には頻繁に出開帳が記録されているが、江戸の古本屋がまとめた『藤岡屋日記』でも年度初めに出開帳がほぼ記載されるように、出開帳は江戸の出来事としても重要な位置を持っていた。

また、江戸などの三都だけではなく、地方都市へも出開帳が行われた。善光寺は、早くも元禄五年（一六九二）に三都での開帳を行うほかに、幕府から許されて焼失本堂の建立のために同十四年から実に六年をかけて日本国中の巡行開帳勧化を実施している。開帳場所は天台宗・浄土宗の寺院に限らず、なかには一向宗や時宗・禅宗の寺院もあり、本尊と恵心筆三尊・絵縁起・六角舎利塔・太子像などの霊宝を開帳した。巡行の行列は先幟・賽銭箱・御印文・本尊・長刀持・乗物などの順になっており、本尊の輿は錦で屋根も包み、人足六人で担いだ。随行するのは寺僧と寺侍などである（「回国勧化記」『長野県史』七巻三）。

それから、播州竜野町では、元禄十七年二月に善光寺如来の出開帳が五日間行われているが、善光寺のため藩が特別な扱いをしており、老中や諸奉行も見回りに来ており、開帳中には他所商人の出店はもちろんのこと、煮売茶屋営業も許した。こうした開帳中の賑わいのための環境整備により、賽銭が実に金一〇一両余もあった（『竜野惣町会所記録』）。後の寛政六年（一七九四）から一〇年間の回国勧化の出開帳では、諸経費を引いても金九九一七両余もの収益があったが（「善光寺御回国勧化金請払勘定帳」『長野県史』七巻三）、潤うのは善光寺だけではなく、開帳を開催する場も大勢の人を集めるために大いに潤った。出開帳は、全国的に著名な有数の寺社だけではなく、地方の寺社でも行われた。加賀の倶利伽羅不動は、文政五年（一八二二）六月に中山道蕨宿で開帳しているように（「日記」『蕨市の歴史』史料編）、江戸での出開帳を行っている。こうした寺社も江戸近辺だけではなく、地方でも出開帳を行っていた。立山の姥堂に安置された老婆の木像も、天保の頃に金沢の観音院で出開帳されているが（正橋剛二翻刻『立山遊記』）、各地の著名な寺社はそれぞれの地域でも出開帳を行い、財政を潤すとともに布教の手段とした。地域の人々も信仰心と遊山気分から大勢が参拝に押しかけ、開帳場の賑わいをもたらした。

遊行上人の旅と神の下

中世において、一遍は全国各地を回り、信仰を伝えたが、人々は彼を生き仏のように敬い、信徒が一遍の尿を飲む姿も、『一遍聖絵』に描かれていることはよく知られている。そして、一遍の後継者は、遊行《ゆぎょう》する務めを果たさねばならず、上人になると全国を巡り教えを伝える旅に出た。

応永三年（一三九六）に参内の格式を特別に許されるなど、遊行上人は特別な扱いを受けていたが、その後、幕府や藩も手厚い配慮をし、家康以来代々、朱印伝馬の利用が許された。文化九年（一八一二）四月に江戸に着いた上人は、幕府寺社奉行に対して天下安全の祈禱を務めているとして、天下安全武運長久のための熊野権現神勅のお札献上を申し出ている（『藤岡屋日記』三）。

ところで、安永三年（一七七四）の備中矢掛宿では、上人を迎えるために神戸宿へ様子を尋ねているが、それによると神戸では殿様の客同様の扱いを命じられており、入用も領主負担ということであった。また、一行の番僧はどこでも宿駅負担ではなく、領主がもてなすものになっており、上人を大名ら領主の客人として扱うことを上人一行が求めていたことがわかる。さて、本陣に到着した上人は、十念とお守りを人々へ授けるが、お守りにはさまざまなものがあった。庶民には疱瘡《ほうそう》のお守り、安産のお守り、海上のお守りが与えられ、領主板倉氏には武運長久のお守りほか二種が与えられた。階層によりお守りに区別があり、大名は武運長久のお守りであるが、天下統治を務めとする将軍には前記のように天下安全武運長久のお守りであった。大名家族らへも疱瘡や安産のお守りが与えられるのであろうが、農民らへはもっぱら疱瘡などのお守りであった（備中矢掛宿『宿方御休泊留』）。

生仏《いきぼとけ》と崇《あが》められる遊行上人は、領主や沿道の人々にとって大切な客人であり、領主自身も馳走を負担したが、宿泊先の宿場町では貴人・生仏を迎える喜びよりも、そのもてなしの気遣いを心配する気持ちの方が強かった。安永時の先の矢掛宿では、先乗りの僧と人馬方担当の僧の取り扱いが難しく、機嫌を取るのが大変であったと記録している。幕吏の旅や公家の旅では、権威・威光を笠《かさ》にきる従者・人足の存在を記したが、遊行上人の旅も同じことであった。先番僧や人馬方僧は「取《とりはからいかた》斗方」にてしくじり付けさせ申すべき役分」であり、他所では菓子料と名付けて袖の下をいろいろ渡していることを聞く、と矢掛宿記録に記載されている（前同）。

このような、袖の下を必要とする風聞は中期以降には広まっていたようである。幕末であるが、嘉永三年（一八五〇）五月の三国街道永井宿では、随行僧の横暴を恐れていたので、上役僧へ金一分、下役僧へ金二朱、小者へ三〇〇文を菓子代に与え、参詣札は断っている。しかし、上人付き役僧は風聞とは違い丁寧であったことに驚いている。この時は領主賄いでなかったようであり、宿代支払いにつき問われて、受け取る心得のないことを役僧へ申し上げるが、上人御宿は冥加《みょうが》につき宿代はもらわないことを後に越後筋より聞いている（「永井本陣日記」『群馬県史料集』六）。ここから、遊行上人の宿を務めることを冥加とする考えが存在すること、ただしそうした考えを十分に持っていない宿役人もこの時期に現れていたことがうかがえる。

元禄の頃より、公家・殿上人の宿駅人馬使用が増加し、五人五匹の朱印状で千人千匹余の人馬を使用するほどとなっていた（『民間省要』）。幕府は、幕府役人をはじめとする宿駅伝馬利用に不正使用が多くなったために、正徳年間に抑制のための改革を実施し、正徳二年（一七一二）には宿駅人馬の適正な利用を規定した道中条目を定めた。しかし、そこでは幕府役人などと違い、公家については厳しい規制を設けていない。このように公家については、人馬の特別な御馳走を受けるのは当然な階層として幕府も認めることになっていたのである。

奉幣使・公家の旅と仏隠し

さて、文政四年（一八二一）四月に、中山道蕨宿を通行した鷹司氏の通輿に際して、先例通り出庇そのほか障り物の取り払いと、石地蔵の類を筵《むしろ》に包むことが命じられている（『日記』『蕨の歴史』史料編）。沿道の石仏を筵に包み隠すのは、例幣使の鷹司氏の通行に仏は差し障りがあるからであり、朝廷からの使節は仏を忌避する存在と考えられていたためであろう。

このような、仏を排除することを最もよく示してくれるのは、香椎宮《かしい》への奉幣使通行であった。享和四年（一八〇四）に奉幣使が香椎宮へ派遣されたが、社参前夜に宮近辺の大日堂・観音堂・弁天堂・護摩堂の類は薦《こも》に包まれ、護国寺の塀の上側も包み、少しも寺とかかわりのある所には見えないようにしていたことが知られる（『加瀬家記録』）。

ちなみに朝廷使節の旅ではない、公家の一般の旅の特徴と沿道の人々の彼らの捉え方についで偽公家の旅からうかがってみたい。天保十一年（一八四〇）に能登惣持寺参詣と称して八十《やそ》様という偽公家一行がお忍びと称して越後から越中氷見へやってきた。八十様は近衛様三男と称する二六、七歳の若者で、お供に女中と僧侶を従えていた。町では高岡へ問い合わせ、八十様を迎えるためにさまざまな準備をしてもてなしたが、偽公家の八十様は接待した部屋の袋戸棚の戸に張られた扇面が気に入ると、紙に真翠の二字を書いて渡している。また翌朝に、歌を記した短冊と白紙の短冊を渡して一行は出立している（「応響雑記」前出）。後に偽公家であることが判明するが、偽物と分からぬように旅する彼らは本当の公家の旅を見習っていたであろうことからすると、公家はやはり和歌を認めた短冊や、揮毫した書を旅先の人々に与えて旅するものと当時考えられていたことがよくわかる。

旅と動物・幽霊

馬・牛の利用と人

旅に使用される動物は馬と牛であるが、馬が主として人や荷物の運搬に使用された。また、馬を役畜に利用する東国と違い、西国では役畜として牛が利用された。調達しやすかったにもかかわらず、西国で牛が旅に利用されなかったのは、牛ではあまりにも遅いためであろう。戦場を疾駆する必要のある兵馬と違って、荷物や人を運ぶだけの馬は、農耕用の馬でも利用可能であり、村方の馬が助郷のために盛んに徴発されていた。

近世社会では、幕府直轄街道以外の藩領でも宿駅ごとに人馬を交代する宿駅制度が施行されたために、旅人の始発地から終点の目的地まで同じ馬を使用することがなく、宿駅ごとに継ぎ替えた。また、旅人は宿駅間の途中で戻り馬を雇うことができても、次の宿駅の間までの利用となった。

一方、牛による人の運送は公家層に使用される程度であり、荷物運送も牛車が江戸・駿河・仙台の各都市内と京都・大津間で使われるにすぎず、直接荷を付ける牛による物資運送も、信州や南部などの山間地で行われるだけであった。ただ、牛は馬と違い急峻な山坂でも恐がらずに物資運送を行うため、鉄輸送を担った南部牛方の場合などは、最盛期に牛方一人が八頭も連れていた（深井『幕藩制下陸上交通の研究』）。

ちなみに、『東海道名所図会』や『伊勢参宮名所図会』、また道中図の浮世絵をみると、大津から京都の地域では牛車が描かれており、同地域の特徴ある運送手段であったことを示す。同地の東海道には牛車利用のために、片側に車石が敷かれ、牛車はこの車道だけを通行した。他の街道で牛車や馬車が使用されなかったのは、車石を敷かなければ街道が荒れて使用できないためであり、無理に車道を設けると街道が狭くなり旅人の通行に支障をきたし、また街道を広げることは田畑をつぶすことになるためである。それに主要街道はなによりも、幕府役人の旅や大名の参勤交代に使用される街道であったためである。

さらに、牛車が物資輸送を担った京都―大津間でも、『東海道名所図会』の挿絵が俵を背負う人足を描いているように、人が荷物運搬にも重要な役割を果たしていた。低賃金の人足労働力が豊富な江戸時代では、馬や牛のような高価な投資を行わずとも安価な労働力に運送を依存できたのであった。各宿場には非定住の人足労働者が多数おり、宿継ぎの物資運送だけでなく、駕籠かきとして人の運送も行っていたのである。

犬の旅・献上動物の旅

物資を運搬したり、遠方の土地へ売られるために移動するのではなく、江戸時代では犬が旅をすると信じられた。女性や子供が多数抜参《ぬけまい》り参宮をした御蔭参りには、犬も参宮をしたということで当時一段と多くの人を参宮に引き寄せている。実際に御蔭参りの際に参宮する犬をみたと記録する道中記も存在する。明和八年（一七七一）の御蔭参りの時にたまたま参宮に出た出羽の盾南村の我孫子周蔵は、参宮する犬を見聞したと道中記に書き記している（『寒河江市史編纂叢書』一二）。

もちろん伊勢宮への参詣を犬自身が志すことはない。参宮に犬を引き連れていく旅人がいるから参宮する犬が登場したのであった。『籠耳集《かごみみしゅう》』によると、明和の御蔭参りの際に人に連れられ参宮する犬がおり、首に御祓いをかけてもらった犬を見たという。伊勢より遠方の土地なのに、主人が犬を連れて行かなくとも、犬を参宮させることが、御蔭参り以外にも行われたことが知られる。寛政二年（一七九〇）に、安房国の庄屋が犬が参宮をしたいとの夢を見たので、人を付けて村送りにして送り出し、この結果犬が参宮して無事村に戻ったという話が伝えられている。犬が旅立つときに主人が銭三〇〇文を犬の頭に結びつけて送り出したところ、沿道で銭を与える人がいたため、結局三貫文に増え、重いので村送りの者が持参したという（『譚海』）。犬の参宮が盛んに見られたことが世に広く知られた明和の御蔭参りの後には、村送りの制度を利用することにより、主人が連れない犬の参宮も可能となったのである。

このような犬の参宮は、犬も参宮するほど伊勢宮がありがたい神社であることを納得するために、盛んに宣伝されたり、言い広められたのであろう。しかし、犬が神社へ参詣するのは、伊勢宮だけではなかった。宝暦十二年（一七六二）の江戸で犬の浅草寺代参が風聞で広まった。主人が病気の妻が独り言で代参の人を求めたところ、犬が代参をし、最後には身代わりのために亡くなり、代わりに主人の病気が治ったとして、この話が絵にされ売り出されたという（『編年雑記』）。当時の人の考えでは、人に忠実な動物である犬は、主人の身代わりになると考えられたためである。

犬の旅は御蔭参り以外ではそうみられるものではなかった。しかし、江戸期の街道を絶えず送り届けられ、いわば旅をすることになった動物や鳥類もあった。動物や鳥類が大名より幕府への献上品や、幕府の朝廷や神社への献納品に選ばれることがあったためである。また、外国の使節からは、珍奇な動物が幕府へ献上された。珍しい動物として献上されたのはラクダや象であったが、これらの動物は最後には見世物小屋へ売られていった。この献上の旅は、沿道の多くの人の関心を集めており、象などは祭礼の作り物にこしらえられる所もあるほどで、たとえば天保期の藪原宿の八幡祭には象の灯籠が出されている（『岨俗一遇』）。

旅の幽霊・妖怪

現代でも幽霊が出るとされるトンネルや道路、またホテル・旅館があると信じている人も多い。科学的・合理的にものごとを考える訓練を受けていない近世の人々の場合、恨みを残して亡くなった人は、魂が成仏しないために、この世に留まり幽霊になると考え、また人知で理解できないことは化け物のせいとすることから、幽霊や妖怪の存在を信じた。このため近世の旅は幽霊や妖怪との結びつきが強い。

異境に旅をして帰国・帰郷できずに亡くなる人が、恨みを残し幽霊になるという考え方は、キリスト教徒の西洋人にはないのに、日本人や中国人には共通して存在した。たとえば、江戸期の長崎の唐人屋敷に幽霊が出ると中国人には信じられていたし、帰国できずに長崎で病死した唐人は、必ず幽霊になると考えられていた。たびたび幽霊が出ると、長崎の中国人は返魂の祭りという儀式を行い、死者の霊を載せた船をつくって海に流し、霊を帰国させたという。ところが唐人屋敷と違って、出島の商館のオランダ人の間ではまったく幽霊話はなかったという（『譚海』）

もっとも、異境で亡くなるのは外国人だけではない。旅先の街道で行き倒れで亡くなったり、不慮の事故、犯罪のために恨みを残して亡くなった人も多い。彼らの死は土地の人の心に陰を落としたため、こうした人の弔いのためにも石仏などがまつられる必要があった。

また、宿屋で不慮の事故や自殺により人が亡くなると、この世に恨みを残す死者への思いが、宿屋近辺の人へ影響を及ぼすだけではなく、危険や不安と隣り合わせに道中をしなければならない旅人へも影響を及ぼした。旅人の彼ら死者への思いが、ささいな宿屋や街道筋の変事、不思議な出来事に触発され、その出来事が幽霊と結びつけられて、幽霊が登場することになった。たとえば、大井川近辺では、川で溺れた旅人の幽霊が出ると信じられていた。大井川では川越場以外の徒渉が通常禁じられているが、別の場所を歩いて渡るような無理をする者もいたので（『金谷上人行状記』）、彼らの中には溺死する者も多かった。大井川辺の人々は溺死した旅人の幽霊が出るとして、彼らのために施餓鬼をしていたという（『譚海』）。

近世後期における東海道の宿場町の旅籠屋でも、幽霊・妖怪が出ることで知られた宿があった。金谷宿の黒木屋七郎兵衛方は夜中に物騒がしくなるといい、沼津宿の藤田屋金兵衛方もやはり夜中に鼠が多数出て、妖怪が現れるような事態がみられ、また同宿の本陣では枕返しがみられるという。このほか沼津には幽霊・妖怪の出る所が多く、間宮喜左衛門方では虚無僧の幽霊が出、高田弥三左衛門方は「おととの蟇《がま》」が出るという。さらに坂下宿でも大竹屋・小竹屋という旅籠屋では怪異がみられるという（「旅行須知」『日本交通史料集成』三）。

旅にかかわる妖怪として有名なのは鎌イタチ・ヒダル神で、このほかに天狗や狐などもいる。道中の自然の変化や不思議が妖怪となって旅人の心に現れたのである。ところが、怖い妖怪も旅人の都合のために利用されることも多い。たとえば、寛政八年（一七九六）に参宮した鶴岡町人の儀八郎は、狐に取り付かれたために抜参り参宮をしたと申し開きをし（『鶴ケ岡大庄屋宇治家文書』上巻）、また天保十三年（一八四二）に江戸本石町の五郎兵衛の召使吉之助は、天狗にさらわれ諸国を旅したと主張し、さらに同年に上野広小路三丁目の召使助八は天狗にさらわれ参宮・金比羅・宮島参りをしたと江戸の評判となり、その次第が板行されてもいる（『藤岡屋日記』二）。子供や奉公人の無断の旅が妖怪の仕業として許されたのであり、人の畏れる妖怪も人助けになることがあったのである。

旅の儀礼・差別と死・性

旅の儀礼・作法ともてなし

朱印状の旅ともてなし

近世の旅と旅人の頂点にあったのは、幕府から与えられた伝馬の朱印状を持参する旅であった。伝馬使用の朱印状を発行できるのは、将軍と大御所であったが、朱印状には、旅行者の出発地から目的地までのあいだ、記載した人馬を提供することが定められており、五街道以外への旅に際しても発行され、目的地までの宿場町や村ではどこでも指定の伝馬を無償で提供することになっていた。このような将軍と幕府の御用のために行われる朱印状持参の旅に対して、全国各地の村・町では人馬を無償で提供、馳走をすることになっていた。また、渡船・川越もすでにみたように無賃で利用できた。

朱印状に対して、老中や所司代など幕府重職が発行する証文は、行き先までの宿場町名をいちいち記載して、人馬の提供を求めたものである。幕府御用のために利用されるこの証文も無償で人馬利用ができた。

江戸期に宿駅人馬を無償使用できるのは、朱印状と証文だけであり、両者の利用も将軍家自身や幕府の公用でも限られた通行に使われるもので、他の利用は幕府役人の旅といえども駄賃・人足賃を払う必要があった。近世社会は、封建領主だからといって、無償で他領の農民・町人に人馬使役をさせられる社会ではなかったのである。

将軍発行のために朱印状自体の取り扱いは大変丁寧に行われた。朱印状を持参する旅をした経験のある元目付の桂園が明治に入って語ったところによると（柴田宵曲編『幕末の武家』）、朱印状は長さ一尺五、六寸（四五〜四八チセン）の印籠蓋の桐箱に入れ、箱は両端に太い打紐を付けた黒天鵞絨《ビロード》の袋に納めたという。証文の場合も同じ箱、袋を使うが、箱は小型となり八、九寸（二四〜二七チセン）の長さで、幅二、三寸（六〜九チセン）のため、首にかけて道中をしたという。泊まり先の宿場へ着くと、先乗りの供の侍が三方を持って駕籠脇へ迎えに出、朱印状箱を載せて守護して座敷へ運び、三方に載せたまま床の間に飾るという。大名から使者が派遣されるが、使者は桂に対してではなく、朱印状に対して敬礼し、将軍家の御機嫌を伺う。南部藩のように国産の鉄瓶などの高価な土産を出したり、御馳走を出す大名は少ないが、菓子折程度は使者が持参したという。いずれにしても、朱印状は将軍自身を体現するものでもあり、大切に扱われると同時に、旅先の諸藩も朱印状へ向けて使者を派遣していた。

旅人客のもてなし

参勤交代の大名や御用旅の幕府役人、さらに御用の旅をする公家などを迎える宿場町では、宿継ぎの人馬を負担し、また宿泊・休息の宿舎を提供する務めを果たした。しかし、こうした務めを果たすだけが宿場町の負担ではなかった。久留島浩氏は、中国路の矢作宿を事例に、大名などを迎える宿場町では御馳走として、領主や宿役人の出迎えに加え、街道を掃除して砂を撒き、各家の前には盛砂を設けたりすることを紹介している（「盛砂、蒔砂、飾り手桶」『史学雑誌』九五―八）。

このような、御馳走として盛砂をしたりするのはなぜなのであろうか。宿場の人馬を特権的に利用して往来する大名や幕府役人などの支配階層は、宿駅住民にとってはお客様にほかならない。朱印状の通行に対しては、宿駅領主の大名が使者を遣わして、わざわざ挨拶にもみえた。お客であればもてなしするのは時代を超えて当たり前のことであり、もてなしのあり方が時代により異なるだけである。

ところで、公家や幕府の要職、御三家を迎える際のもてなしを、寛延四年（一七五一）の東海道川崎宿にみると、次のようになっていた。まず、賓客となる彼らの出迎えであるが、摂家や公家・門跡・上使、そして老中・京都所司代・城代やまた茶壺・備後畳、朱印・証文の御用物、また御三家については、いずれも問屋・年寄の宿役人が出迎える。老中・所司代・城代・茶壺については宿入り口まで宿役人が出迎え、しかも茶壺は羽織・袴、老中などは麻裃《あさがみしも》の装束に決まっていた。備後畳や御用物、公家・御三家などは問屋場前での迎えでよいが、備後畳・御用物・公家などは羽織・袴で、御三家は麻裃での出迎えとなっていた。次に見送りも行い、茶壺と老中・所司代・城代は宿役人が出迎えと同様の装束にて宿端まで見送るが、さらに茶壺は年寄・組頭がわざわざ隣の宿まで付き添った。このほか御三家以外の右通行には、隣の宿駅まで人足を付けて、先払いをさせたのであった（「川崎年代記録」『川崎宿関係史料』一）。

以上のように、街道を旅する支配層の人々に対して宿場町では、出迎えから見送りまで賓客としてのもてなしをつくした。もてなしは将軍を頂点に、通行者の地位により格付けが行われており、この格付けがまた客の社会的地位を明示することになっていたのである。

また、出迎え、見送りをすれば、当然に宿内を整えて客を迎え、安心して宿泊できるようにも配慮する。この点を一般の大名の場合についてみると、寛政三年（一七九一）のある日の暮れ頃に中山道蕨宿を通行した小林一茶がたまたま大名の宿泊と出会い、その様子を記している。一茶によると、宿場では幕を張り回し、道には撒き砂をして、家々には家臣の名札を貼り、宿場の下役が棒を突きながら宿内の鎮めに当たっていたという（『一茶集』古典俳文大系）。撒き砂は荒れた道を整えるためであり、幕を張るのは家の飾りで、ともに客の歓迎のためであり、客に安心して宿泊してもらうために治安維持の棒突きも行われたのであった。

関所の馳走・下座の儀礼と改め

さまざまな旅人の往来を迎え、出女・入鉄砲改めを主眼にした改めを実施する幕府の関所も、迎え入れる旅人すべてに対して、幕府の威光を背景に高圧的な改めを実施したわけではなかった。幕府の関所には、箱根関所のように藩に委託して運営する所もあり、また新居関所のような直轄もあるが、関所役人の家格・職階が高いわけではない。このため関所を通行する幕府の重職や奉行などの役人や、また大名などの通行に対しても、礼を失わないような相応の迎え方、儀礼が必要とされ、こうした迎え方の作法ともてなしが、幕府支配のための支配秩序を維持することになった。

東海道の新居関所の場合、関所に掲げていた下座看板には、関所役人が下座する必要のある通行者について、次のような下座の内容が記されていた（「今切御関所留」『新居町史』特別編）。

名　代……上番が裃着用にて白州で下座

上使・目付……羽織・袴にて白州で薄縁《うすべり》の上にて下座

日光門跡・御三家・老中・若年寄・京都所司代・大坂城代……上番が袴にて白州で下座

御茶壺……羽織・袴にて下座

摂家・親王・門跡・公家衆宰相以上……袴にて下座

勅使・院使の公家……袴にて下座

幕府の職務を担って改めをする関所役人は、当然ながら一般の大名に下座する必要などはない。ただ御三家には下座をする必要があった。幕府役人で下座が必要なのは京都所司代・大坂城代以上の重職であった。将軍の名代や上使とともに、以上の人々には白州で下座をする必要があり、しかも格により下座をする役人の装束について、裃着用と袴着用の区別や、薄縁を敷くかどうか、また上番役人の下座の有無も決められていた。上級の公家やまた勅使・院使の公家、さらに将軍献上の御茶壺へも下座する必要があるが、この場合は白州で下座する必要はなかった。

箱根関所に掲げられた文化期の下座看板には、下座に加えてもてなしの御馳走の規定も詳しく記載されているが、これを整理したものが表2である。

名代や上使、老中・若年寄・大目付から諸奉行をはじめとする幕府諸役人のほか、門跡・堂上方・日光准后宮、さらに御三家とその嫡子・隠居には下座する規定となっていた。そして、このうち御馳走を受け関所役人の総下座により迎えられる通行が定められ、それも御馳走は三区分されていた。最高のもてなしを受けるのは、Aのやはり将軍の御名代と日光門跡をはじめ、御三家や幕府重職の老中・所司代・大坂城代・若年寄であり、次が上使・御門跡・堂上方の公家関係で、最後に御茶壺通行であった。この三つの通行に際しては、もてなし、礼儀として関所に幕を張り、手桶を用意し、役人は裃を付ける礼装をしたが、A・Cの将軍名代と幕府重職関係の通行には、両御幕に猩々《しょうじょう》緋御槍印付とし、公家関係のBは片幕、黒輪貫とされていた。

表2　箱根関所の下座と御馳走（文化3年）

	通　行　者	御馳走の内容と下座
A	名代，日光准后宮，御三家，御嫡子，御隠居，老中，所司代，大坂城代，若年寄	両御幕・猩々緋御槍印付，手桶飾り，番人麻裃・定番人羽織袴，小頭借羽織自分袴，足軽万の支度，惣下座
B	上使，諸門跡，堂上方	片御幕，黒輪貫き御槍印付，手桶飾り，番人麻裃・定番人羽織袴，足軽万の支度，惣下座
C	茶壺	両御幕，手桶飾り，番人三人麻裃，定番人一人羽織袴，小頭借羽織自分袴，足軽万の支度，惣下座
D	御側衆，御奏者番，寺社奉行，大坂城番，駿府城代，伏見奉行，留守居，在番番頭，大坂駿府加番，大目付町奉行，勘定奉行，その他諸奉行，駿府城番，仙洞附目付，遠国目付，勘定吟味役，数寄屋方	下座のみ

注　『東海道箱根関所史料集』1による。

道中ではさまざまな旅人が街道を行きかい、狭い街道をすれ違わなければならない。オランダ商館医ツュンベリーが感心したように、歩く側の定められていないヨーロッパと違い、日本の街道は左側通行となっていた。これは武士の刀が触れあって争いが生じないための配慮といわれている。また、牛車道の設けられた京都―大津間の東海道も、街道片側だけに車道が敷かれ、牛車は午前・午後で通行する方向が定められていたという。

行列行き違いの作法

行き会う旅人が身分や地位の高い者同士の場合、限られた道幅の街道を通行するには、家格や地位の低い一行が道を譲らなければ争いとなる。先に紹介した元目付の桂が語った御朱印道中の経験によると、万石以上の大名にも道を譲ることはせず、休息中に大名が行き過ぎるか、横道へ避けるかしたと話す。ただ元治元年（一八六四）に天狗党一行が城下をめざしたというので、あわてて帰国する途中の宇都宮藩主戸田家一行に出会った際には、戸田も急ぎのため道を譲らず、桂も御用道中のためそのまま行き違ったために、互いの駕籠がすれ違い、桂の貧弱な駕籠は損傷してしまったという。さらに千住宿への宿泊に際して、仙台侯伊達家と重なったが、伊達家が宿泊を一日先延ばしにしたことも語っている。

さて、文化八年（一八一一）に、二条在番の交替がすみ、御預かりの「御鉄砲」などに付き添った大御番頭永井大和守組の同心高橋安次郎ら一行と大名の松平阿波守一行とが大磯宿手前で出会い乱闘になったことがある。この一件で幕吏や幕府の「御朱印・御黒印・御茶壺等すべて御道具」の旅と大名の行き会いの儀礼・作法がよくわかる（『藤岡屋日記』一）。評定所の裁許によると、従来、在番の武士が上下の道中で大名に行き会った際には、大名の駕籠脇の者でも笠を取り、また家臣ではない往来の雑人の場合は笠を取り下座させる仕来りであったという。もっとも、大名には家格によってこのような作法がない場合があり、このため阿波守家来は笠を取らず、また下座しなかったので争いとなった。阿波守が申し出た先例によると、大名が摂家・親王・門跡や御茶壺・御番頭方・御道具類と行き会った際は、乗輿の場合はそのまま道の片側に寄って通行を待ち、馬・駕籠の者は下りるが下座はしない。また、所司代・城代の場合も同様であるが、すべて下馬・下乗し、行列の先頭の押さえの者だけが下座をして、雑人らは笠などを取らせ道脇に寄せる仕来りであったという。この時に老中から命じられた大御番方や御道具付き添い道中の人々の行き会い作法によると、老中・所司代・大坂城代という幕府重職との行き違いには、御道具を道の片側に寄せ、与力・同心は下座をする。大名や旗本・諸役人との行き違いについては、道の半分ずつを互いに譲り往来し、駕籠脇や行列の侍が笠を取る必要はないが、人足などの雑人は笠を取り、下座をさせるというものであった。

先の桂の御朱印道中では、やはり戸田氏は桂一行の通行を待つ必要があったが、非常事態に際してはこのような作法も無用であり、駕籠を壊されてもやむをえないものであった。先に記した行き会いの作法も、諸通行への馳走もその主は平時の社会関係維持のためのものであり、非常時や戦時には必ずしも適用されるものではなかった。

旅人排除と村・町・宗教

旅人には、犯罪者その他といった、領主にとって不都合な者がいるために、領主の旅人規制は厳しかった。しかし、領主が厳しい目を向けた旅人は、各地に文化・情報・技術・知識を伝播《でんぱ》してくれる存在でもあった。

旅僧・山伏と霊異・災厄

旅人の中でも僧侶や山伏などの宗教者の場合は、特別な修行を積み、また神仏に仕える者として、不思議な事を引き起こしたり、あるいは災厄をもたらす能力を持つ人がいると江戸期の人々には考えられていた。

たとえば、弘法大師への信仰が強かった当時の人々には、旅の僧は特に恩恵をもたらす出来事を起こす存在と信じられる向きがあった。宝暦七年（一七五七）の芸州三原町では、筆で万病が治るまじないをする鍛冶屋新六の治療がはやったが、まじないは旅の僧から宿泊の礼に教えられたとされている（『編年雑記』）。また、新六の所へ治療に出掛けていた病気の和尚の寺へ、やはり旅の僧が訪れ、病気によくきく護符《ごふ》があるとして書き記したが、僧は見送られて立ち去ると行方知れずになったという。これを伝え聞いた町の人々はこの僧は弘法大師に違いないということでお札を頂戴しに寺へおしかけている。おそらく旅の僧が病気にきくまじない文言を教えたというのは、三原の話をもとにして作った話であろう。しかし、当時の人々には新しい知識・技術は村や町の外からもたらされるものであり、もたらす人は旅する人で、しかも知識・技能を持つ旅の人として最もふさわしいのが僧侶であること、さらにそうした僧侶の代表として弘法大師への信仰が存在していたために、三原の話は実話として受け入れられたのである。

三原は安芸門徒で有名な浄土真宗が盛んな地域であったが、右のような弘法大師信仰はやはり真宗の盛んな越中でも見られる。文政末年（一八三〇）の越中氷見では、草木染めが能登から伝播し、このため貧しい人々も自分で染色ができるようになった。大変に恩恵を被った氷見の人々は、祭りをするとともに、草木染めを伝えたのは弘法大師と信じている（前出「応響雑記」）。このように土地の人々に幸いをもたらす出来事があれば、幸いをもたらした旅人は後に弘法大師として広く信じられた。

また、山伏も修行により特別な力を持つと信じられていた。元禄時代の風聞・噂話をまとめた書物であるが、『元禄世間咄風聞集』には老中になった松平日向守信之の祖父信吉について、山伏がたたりをした話が紹介されている。信吉がある山伏にむごい仕打ちをしたために山伏は自殺して七代までたたると言い残したところ、信吉はほどなく病気となって死に、またその子忠国と孫信久もたたりのために早世したという。

六十六部（六部）の場合は、罪の報いとして六部になった者がいると信じられた。これも宝暦頃の三原町での話であるが、右手が女性の手振りをする因幡出身の六部が語る懺悔話によると、三年前に奥州のある村で埋葬された娘の墓をあばいてお金を盗んだところ、娘の手が六部の手をつかみ離さなかったという。寺の住職は読経しながら娘の手を切り離したが、結局このような姿になったという（『編年雑記』）。このように、罪を犯した報いのあることを伝えながら、喜捨を乞い廻国する六部もいたのである。

村の旅人排除

江戸期の村々では村定《むらさだめ》・村掟《むらおきて》を設けて、村民の守るべき事柄を定めている。村定の中には村民の作物や所持物品の盗難についての規定が多く見られる。村掟はあくまで村民に対する規定であり、盗みを働いた村民の処置について規定されているが、旅人の犯罪についてはふれていない。犯罪人の旅人は領主が処罰するためであろう。

しかし、ちょっとした盗みを働いた旅人について、いちいち領主の手をわずらわせては村役人が多忙でかなわない。このため、村人の暮らしが困窮しておらず、世の中も平穏であれば、ささやかな犯罪を犯した旅人の処置については、必ずしも厳しいものにはならなかった。村から追い出してしまえば村民には十分なはずである。幸いにこうした事例を小林一茶が記録してくれていた。利根川北岸の下総の田川という村にて一茶が見聞した事例は、干してある古衣を盗んだよそ者に対して、盗んだ帯やその他金槌などある限りの物を腕にくくり、首に下げさせて「主あらばとりてんや」とうたいながら、疫病神送りのように鉦《かね》太鼓をならして、村はずれの川原に追い放つものであったという（『一茶集』古典俳文大系）。

ところが、凶作・飢饉などによる村・町の治安悪化の際の旅人による犯罪の処置は、寛大とはなりにくい。ともすると、共同体の本質としてこうした非常時の村・町の処置ばかりが強調される傾向があるのではなかろうかと思うので、この点を考慮したうえで事例を紹介してみたい。東北の天保飢饉の影響は九州にも波及したが、博多では天保七年（一八三六）十月末からたびたび不審火が発生し、胡散くさい者が入り込んでいるとして、旅人と乞食の吟味を厳しくして、旅人は追い立てられたという。西新町の火災の際には、西新地辺へ天草から来ていた旅人夫婦を召し捕え、牢死した彼らを獄門にかけている（『加瀬家記録』）。犯罪を犯す者としてまず疑われるのは旅人であること、このため町・村の治安維持のために、旅人が真っ先に排除されたり、犯人として捕らえられたことがわかる。

宝暦以降に合力を請う旅人が増加し、文化・文政期になると一段と増大していたことは先に紹介したが、増加する合力層の中でも村人にとって問題となるのは、船こぼれといわれるようなえたいの知れない者や浪人の増加であった。彼らは村々へ情報や知識・技術をもたらすわけではなく、単に合力銭や宿を求めて回ってくるだけであった。浪人が数名連れ立ってたびたび回ってくるのは、村人にとっては大変に物騒であった。小藩や幕領が入り交じっている地域では、大きな藩領とくらべて警察力が弱く、このような所の場合は、二本差しの浪人者数名に合力を乞われるのは、実質脅迫を受けているような気持ちを村役人や村人に与えたであろう。

経済的に負担となり、また平穏な村の治安を脅かすような、浪人や船こぼれなどの合力層に対処するために、村として彼らに合力を与えない規定をつくる所もあるが、一つの村では浪人らの排除が難しいために、宝暦・天明以降には郡中の議定作成や組合村結成により、その実現がはかられるようになった。出羽村山郡では、天明五年（一七八五）に支配領域を超えて郡内の村々が郡中議定を定め、盗賊悪党対策を講じ、その後もたびたび郡中議定を作成し、文化十年（一八一三）には勧化《かんげ》差し留めや浪人による合力禁止を申し合わせている（『山形市史史料編』四）。同じ非領国地域である関東では組合村が作られるが、これらの組合村でも、浪人や勧化を排除したり、制限したりする定を作成している。一例をあげると、武蔵国の根岸村外二五ヵ村でつくる組合村では、文化二年の議定で浪人などへ合力を出さないことを定めている（『町田市史史料』五）。

関東農村などにくらべてはるかに治安の良かった藩領でも、浪人者などの合力旅人の増加は地域の人々の不安をかき立てていた。加賀藩領越中の礪波郡村々では、共同して天保四年（一八三三）以降に郡内への御郡所誘致運動を積極的に進めている。誘致の理由の一つには、浪人が村々を徘徊していて不用心であるため、御郡所を誘致して狼藉者を減らすことをあげている（富山大学蔵菊池文書）。

以上のように、地域社会へ貢献する何物ももたらすことがなく、また帯刀する浪人なども含む合力する旅人の増加は、各地において地域結合の強化をもたらす一契機となったものの、いずれにしても地域社会に大きな不安と金銭的負担をもたらしていたのである。

修験者を排除する土地

このように、旅人排除は村・町の共同体や、また村々の結合である組合村や一郡の村結合体という地縁的共同組織により行われた。そして、こうした共同体や地縁的共同組織が、住民の持つ信仰と異なる他の宗教・宗派に対して寛大でない考えを持つ人々により構成されていた場合には、他の宗教者の旅人を積極的に排除しようとしていたことも忘れてはならない。

道々、金銭や宿の供与を受けながら廻国修行の旅をした修験者野田泉光院の旅記録によると、修験者にまったく宿を貸さない村々があった（前出『日本九峰修行日記』）。まず藩の命令や、また村として合力を受けて旅する人々を排除しようとした村々である。このほかに、日蓮宗や浄土真宗の信仰の強い土地の一部には、修験者にまったく宿を提供しようとしない所もあった。

甲州は日蓮宗の信者の多い所であったので、熱烈な法華衆徒の場合は、修験者に宿を貸すようなことはしていない。泉光院の記録する一般村での宿について、日蓮宗信者や真宗信者の少ない下野とともに甲州の場合を整理すると、次のようになる。

甲州（一般村）……山伏方一一泊・禅寺一一泊・寺庵二泊・農家一三泊（年宿は除く）

下野（一般村）……農家一四泊

泉光院は、下野の村では農家に宿を提供してもらっているが、甲州農村での宿泊のうち農家での宿泊は三分の一ほどにすぎず、やむなく同じ山伏のところや、禅寺・寺庵で宿をとっている。修験者の場合、寺院のなかでも禅寺の場合は宿が取りやすかったようである。

泉光院の記録を裏付けるために、他の史料をあげると、『譚海』の記述があげられる。同書によると、房州の清澄・小湊などの周辺の村々や、また上総の南方のある村では日蓮宗信者ばかりが住み、やはり他宗派の宗教者に寛大ではなく、六部などが通り過ぎるとその跡を箒ではくことをするほどに他宗を忌み嫌ったという。

町における旅の者排除

農業で生きる村々は、田畑を持つ本百姓といわれる農民を正式な成員にして、彼らにより運営された。他所から流入してきた者が、いきなり農地を持つことなどできないし、田畑もなく流入し村で暮らしても、一人前の扱いなど受けられることはなかった。近年まで村の排他性が問題とされたが、農業を村の重要な生業基盤とした社会では、田畑も持たないよそ者は、村の付き合いで他の農家同様に扱ってもらえなかったのである。

これに対し、村と違って、京都や江戸・大坂、また大きな城下町、港町などにはさまざまな人々が流入し、さまざまな稼業で生活を営んだ。都市の中でも、町屋敷や家を持たない人々は、絶えず町の中で引っ越しをしながら暮らしを立てていた。こうした流動性の大きい都市では、村に比べてよそ者も他の住民とすぐなじんで暮らしやすいという側面をたしかに持っていた。

だが、町はよそ者を誰でも規制もなしに受け入れるわけではなかった。近世の都市内の個別の町の町役人や、また五人組が新たに町内や組内の町屋敷や家に入る人が適当な人かどうか選別することを期待されていたのである。もっとも、貧しい人々が暮らす町の場合は、実際には借家や長屋へ流入する人に対して厳しく受け入れを拒むことなどはなかった。しかし、町の中でも繁華な商業街になると、新たに居住する人を厳しく選ぶ所が多く、町の商売に好ましくない商売や身分の人々や、また火災を引き起こすような稼業の者は、町から排除する定めが作られていた。

中世からの町自治の伝統がある、京都のような都市の町では、早くも近世初期には多くの町で町定の町内式目を設けて、町の住民に不都合な商売の人々を排除していた。たとえば、慶長十年（一六〇五）の三条通衣棚南町の式目は武士や検校《けんぎょう》への屋敷売買を禁止し、元和六年（一六二〇）の下本能寺町の式目は座頭・舞々《まいまい》・青屋（染物屋）・猿楽・算置き・

石切り・やかん屋・うどんや・木挽《こびき》・油屋という多数の職種の者へ町屋敷の売買を禁じている（秋山國三『近世京都町組発達史』）。

しかし、町内の住民を選別するというのは、旅の者すべてを排除することではない。町の繁栄につながる稼業の人々を受け入れてこそ、町の人々の暮らしの安定と発展があったのであり、こうした人々は喜んで受け入れられたのである。薬種商の同業者町として著名な大坂の道修町の町々も元から薬種商の町ではなく、薬種商がしだいに集まって享保頃に同業者町になったのである。もっとも村・町に不都合な弱者を切り捨て排除することが正当化されるわけではないが、排他的とされる村でも、村の人々の暮らしに役立つ技術や知識を教授してくれる人々が受け入れられたのは、先に紹介した旅人の技術伝播の項でふれたところからも明らかである。

差別と旅・旅の者

被差別部落の人の旅

近世の身分の最底辺に置かれ、差別されたのがえた・非人と呼ばれる人々であった。えた身分の人々の一部には、経済的に恵まれた人たちがおり、彼らも遠隔地の社寺へ農民や町人同様に参詣しており、また資力に恵まれない多数の同身分の人も諸国の社寺参詣を行い、旅をしていた。

武蔵国のある村の組頭で、弾左衛門配下の小頭を勤めた旧家には、貴重な史料が数多く残され、その中には同家の旅記録が多数あるので（『鈴木家文書』一〜五）、その村の人々の旅についてみてみたい。

被差別部落の人々も農民・町人同様に遠隔地への旅を行う参宮を熱望していた。右の村の人々も伊勢参宮を重視しており、このため伊勢代参講をつくっている。寛政九年（一七九七）の「講中取立帳」によると、ほかの村の者とともに講をつくり、翌年から二人ずつ代参させている。

この村の人々による参宮などの諸国社寺参詣や秩父巡礼に対しては、知友から餞別が出され、戻るとやはり坂迎えが行われており、一般の村と何ら変わりはない。この旧家の同六年「讃岐道中宿帳」によると、木賃《きちん》宿だけでなく旅籠《はたご》屋も利用している。伊勢では御師《おし》の宿は利用していないが、内宮《ないくう》の旅籠屋とみられる富田幸右衛門方に宿泊している。旅立ちに際し持参する往来手形は、小頭が村役人として手形を作成できるので、わざわざ旅立つ者の身分を記載する必要などはなかった。また、右の村の人々と農民や町人と外見が変わるはずはなく、旅籠屋にも宿泊しながら農民・町人同様の旅を彼らも楽しめたのであった。

伊勢代参講に入れなかった人々も社寺参詣の旅に出ていた。文化十年（一八一三）の「人別帳」によると、非人を除く家数二三軒のうちから諸国神社仏閣参詣（一人）・秩父参詣（一人）・物参り（三人）の願いを出し旅立ちながら、期限内に戻って来ていない者を記録している。必ずしも皆が参詣旅に出たわけではないであろうが、欠落《かけおち》をして彼らが生きて行くには、物参りになって合力《ごうりき》を受ける旅をするのが最も簡単な生き方になることは間違いない。

小頭甚右衛門が寛政六年（一七九四）に提出した「金毘羅参詣届け書」によると、「路銭の貯えもこれなく諸人志の他力を請け」て旅をすると記している。富裕な小頭の旅はこのようなものではなかったであろうが、彼らの旅は道々合力、喜捨を受けながら旅するものという考えがあったことがわかる。小頭支配下の貧しい人々も、合力をえながら諸国の社寺参詣ができたわけである。地域社会の中で厳しい差別を受けて暮らすよりも、巡礼や六十六部（六部）に交じって諸国社寺参詣の旅をすることは、開放的な世界に身を投じて、自由に日を送れることを意味し、被差別部落の人々には一段と魅力があったであろう。このため帰国の期限内に戻ってこない者も多数出たのであった。

番人役と被差別部落を訪れる人

非人は、村々から雇われて番人役を勤めた。農民にとって大切な水の管理をまかされる水番や、山守・野守の番、火の番などである。

十八世紀後半になると関東の農村では、村々を回って合力を求める人々が多数となったため、村の中には合力・勧進の者を村へ入れないための番人を雇うことが増えている。そして、合力人追い払いの番人需要が増えたために、前項で取り上げた村では、寛政九年（一七九七）には勝手に番人を引き受けないように取り決めている。

村々の入り口で番人が人を改めれば往来の妨げとなり、また各地を回って暮らしをたてている、いわば非人と同じ身分でもある六部や巡礼その他の合力人にとっては、旅の大変な妨げとなった。悲しいかな雇われて同身分の人たちの排除を行う非人もいたが、各地を遍歴する人々は、当然ながら被差別部落へも入ってくることがある。しかし、被差別部落であることがわかると、急いで立ち去る人も中にはいた。たとえば、合力を受けながら諸国を旅した修験者の野田泉光院の記録によると、彼は被差別部落であることがわかると、直ちに同所を立ち退いている。

しかし、誰もが被差別部落を避けたのではない。先のある村の天明五年（一七八五）の「村入用帳」をみると、座頭（五件）や僧侶（一件）が村に入って来ており、特に彼らのために村では宿を提供し、その費用を各家々から徴収することにしていた。盲人の座頭に対しては、手引きによる道案内が必要なために、村では手引きの人を付けて次の村へ送り出していた。翌年以後も座頭が主として村へ来ているが、中には鹿島御師や諸社寺の奉加を求める寺社人も来村している。

富裕な村ではないため、近世中期には、宿勤めと食事提供者は別として、順番に食事当番も定めて、来村した座頭・勧進人に対して宿を提供していた。しかし、旅人が一段と増えた近世後期になると、宿に困る旅人も増加していった。同様に諸国社寺参詣を行った被差別部落の人々は、旅先で困難に会った廻国の巡礼など旅人に対する同情心が大きく、彼らに提供する宿となる寮（お堂）を建てるようになった。村近隣の仲間の村々では、文化十年（一八一三）頃には先祖の菩提を弔うための寮が建てられるようになったが、寮は旅先で宿に困った旅人に提供するためにも建設されていた。また、明和四年（一七六七）に村の久兵衛は、個人的に寮を建てようとした。寮建設の目的は、心願の廻国巡拝の際に人々から恩を受けたので、御礼と供養のためにも風雨で難儀する巡礼・廻国人へ宿を提供するためであった（深井『幕藩制下陸上交通の研究』）。被差別部落の人々には、合力を受けながら諸国を巡る旅人が難儀にあうことは、他人事などではなかったのである。

渡し守と北関東・東北移民

これまでふれてきた人々は、差別される身分に位置づけられていた人々である。社会の中には、身分的に賤民としての差別的位置が確定されていなくとも、村や町などの社会の中で差別的取り扱いを受ける人々もいた。

渡し守は、越後や信濃の一部の地域では賤民身分としての扱いを受けていたが、そのような身分に組み込まれていない地域でも、一般農民から差別的処遇を受けていた所がある。越後の村上藩領の河川水運従事者がワタリ・タイシとして賤視されたことはよく知られているが、このほか越前でもチャシとよばれる川船業者が差別されていたという（牧野信之助「越前のインナイ・チャシ・コシロ」『民族と歴史』六—三）。一般農民とは異なる生活文化を持った川船業者やイカダ流しは区別され、この点で渡し守も類似した側面を持っていた。

渡し守という仕事は、専業的に渡し守の仕事ができ、しかも操船技術を持った人が営む仕事であり、この点で一般農民と区別された。渡し場を持つ村々では、このような人を確保する必要があった。そのため、甲州街道の玉川渡船は貞享年間に設けられたが、渡し守は伊勢国出身のよそ者に務めさせている（渡辺家文書『日野市史』史料集近世一）。よそ者に適当な者がいなければ村内の下層農民の中から渡し守を当てることになるが、彼ら渡し守は村内の高持農民から区別され、差別的処遇を受ける存在であったために、利用者が増加していた寛政期の利根川、中瀬村渡船場の渡し守は経営権を村へ渡して、百姓身分になることを願っている（河田文書『武州榛沢郡中瀬村史料』）。

また、他所から移り住んだよそ者を、現在でも北陸などでは旅の者とよぶことは先に紹介したが、彼ら旅の者が村に居住するようになって受けた扱いを端的に示してくれるのが、北関東・東北の村々での北陸移民の扱いであった。北陸門徒の移民たちは、移住先の村々でかつては差別的扱いを長い間受けていたという。彼らの受けた差別についての実態は、岩崎敏夫氏らによる北陸移民の研究・調査により紹介されている（岩崎敏夫「真宗移民の相馬に及ぼせる影響」『相馬市史』二・『富山県史』通史編四、ほか）。受け入れた藩では、移民農民を賤民身分に位置づけたわけではなく、荒廃田・新田開発の貴重な労働力として歓迎したが、移住した村々の村民により新軒・新立・新百姓とよばれて区別され、婚姻関係も取り結ばない処遇を受けていた。一般に、農村では一軒前の本百姓の家として扱われるのは高持の農民であり、無高の水呑《みずのみ》農民や職人などは彼らからさげすまれた扱いを受けていたといわれているが、移民の場合は高持となっていても旧住民の本百姓とは同格の処遇を受けられなかった。

移住に当たっては、浄土真宗の寺院が積極的な役割を果たしたが、移住先は真宗門徒が少ない土地であった。一、二軒ではなく、多数の移民が入った村々では、北陸方言を話し、信仰のあつい門徒としての暮らしぶりを彼らが維持すれば、文化的摩擦がどうしても生ずるのであった。とりわけ門徒のために火葬を行ったことや、村の氏神祭礼に参加することなく、さらに婚姻相手にできるだけ門徒を貰おうとしたことなどが、彼らの差別的扱いを助長させたという。まして、彼らが入植し耕作することになった荒廃田は、村内の下層農民が放棄して村を捨てたために生じた生産性の低い田畑であり、いかに勤勉な農民といえども生活を安定させていくのは容易ではなく、当初は彼らの生活水準からみても土地の上中層農民とは開きがあって交わりがたいものがある。さらに、飢饉などにめげずに村に残った下層農民の場合には、日頃受けている村内での差別処遇に対する絶好のはけ口の対象に移民がなったことは間違いない。岩崎報告によれば、越後からの移民は真宗門徒であることを止め、土地の他宗派の檀家となり、婚姻相手も門徒以外を選んだために土地に同化したという。しかし、加賀・越中からの移民はそのようなことがなく、他村にある新寺の真宗寺院の檀家になって、移民であることを誇りにして生活したために、居住村の人々とはなかなか同化しなかったという。

旅と病い・死・性

病人・行き倒れの処遇

近世社会では、困窮した人の生活を維持する制度が整っていないため、親族・家族に頼れない窮迫者は、他人に施しをもらって生活する道を選ばねばならなかった。ケンペルが東海道で乞食の伊勢参りの多いことに驚いているように（『江戸参府旅行日記』）、旅人の往来の激しい街道は、他人に施しをもらって生活する人々には格好の生きる場になったのであった。このため、乞食の参宮者となったり、偽巡礼に身をやつして、旅をして暮らす方途が採られたのである。天保三年（一八三二）四月に、富山出身の聾唖《ろうあ》の男性が東海道新居宿で病気のため倒れた。彼が所持していた往来手形によると、病身のため心願により寺社参詣の旅に出たという（『新居町史』六）。聾唖で病身の彼は、家族にとって大変な負担になったろう。こうした事情を察して彼は、広い世間の合力により、その日を送ることを決断し、旅に出たに違いない。ケンペルは病身の巡礼者が多数東海道で暮らしていることを記していたが、右のような事情により旅へ出た人々とみられる。

しかし、経済的に恵まれ、寺社参詣の旅へ出られる健康な人も、日々緊張を強いられ、水も食事も絶えず変わる旅では病気になることが多い。旅先での病気は旅人に大変な心労をもたらすものであった。また、旅先の人々も病人を放ってはおけず、宿ごとに交代して送り届ける宿送りや、村ごとに送り届ける村送りにより、病人を出身の村・町へ送り届けることになり、各地の宿や村・町には負担になった。多くの人が旅に出始めた元禄時代には、旅人の病人も増大し、幕府は元禄元年（一六八八）十月に病人旅人の投薬介抱や宿送りを宿駅へ命じている（『徳川禁令考』前集六）。

また、巡礼などが持参する往来手形は、旅先で死去した際に、その土地の習慣に従って埋葬してほしいことを必ず記載していたが、実際に旅先で亡くなった旅人の処置について、松本藩の大庄屋記録をみると、巡礼死去の際には身元がわかれば出身地へ連絡し、身元不明の場合は領主の許可をえて埋葬している（『信州塩尻赤羽家元禄大庄屋記録』）。埋葬する場には埋め札を立て、周囲にはやらいを結っている。山川菊江は藤沢近郊村の歴史をまとめた際に、地元の人からの聞き取りにより、東海道藤沢宿の遊行寺坂の東口にはよく行き倒れの死体が転がっており、また年寄の旅人の野垂れ死にの死体がどこでも多く、遊行寺坂の上には路上の無縁仏のために大仏供養塔が建てられていたことを書き記している(『我が住む里』)。

六十六部殺し・旅人殺しとたたり

旅僧・山伏・六十六部(六部)・巡礼などは、旅先で喜捨《きしゃ》・合力《ごうりき》を得ながら旅をするが、彼らもそれなりに路銀を所持していた。そのため、彼らの所持金を奪うために殺人が行われることもあった。

だが、このような宗教者や信仰のための旅をする人からお金を奪ったり、またその命をも奪うことは最も非道なこととされた。旅僧や修験者には特別な力を持つ者がいると考えられたために、彼らを殺すことは大変な報い、たたりを受けるものと信じられたし、六部・巡礼などの信仰に生きる人の場合も同様に神仏の罰を受け、また殺された人の恨みが一段と深いと考えられた。

世間話ではあるが、江戸時代の人々の考え方がわかる『元禄世間咄風聞集』によると、内藤左京亮家来の今村市郎兵衛が病気中に江戸の屋敷の庭で火が燃え、また女房もほどなく死んだが、これは市郎兵衛の親が高野聖《こうやひじり》を殺したたたりとの話が広まったことを記している。また、松平日向守が殺した山伏は、七代までたたると言い残して死に、その後不幸が重なったために山伏の墓を設けまつった話は先にも紹介している。

このような、旅人や六部を殺して所持品を奪ったがためのたたりについては、異人殺しとして文化人類学・民俗学の研究対象となっており、こうした伝承が数多く紹介され、分析されている。異人殺しの伝承で多いのは、にわかに金持ちとなった人への妬みが、異人殺しの伝承を生んだことである。旅人殺し・六部殺しの汚名を受けることは、最大の侮辱の一つとなった。南部藩の幕末の大一揆、三閉伊一揆を指導した三浦命助は、対立したほかの指導者たちに対して（森嘉兵衛『南部藩百姓一揆の指導者三浦命助伝』）、彼らの悪事や汚名を「人間善悪書取帳」に書き残している。その中で命助は彼らが一揆以外にもさまざまな悪事を働いていたとし、偽金使いや人殺しの他に、伝助という人物の先祖については廻国の金持六部を打ち殺した人間としている（『内史略』五）。

六部や旅僧らが不慮の死を遂げた場合などは、土地の人にとっては彼らの恨みが土地やその住民に及ぶと考えられたために、また近隣の人々からどのような嫌疑を受けるかも知れず大変に迷惑なことであった。このため恨みを払いたたりのないように、また余計な嫌疑を受けないために、行き倒れの六部・巡礼などをまつったり、供養塔が各地に建立されている。

宿場町の飯盛(飯売)旅籠

次に、旅と性の問題を取り上げようと思うが、その場合、まず問題となるのは宿場の売女《ばいじょ》である。中世にも旅人を相手とする遊女が多数居住する場があったが、旅人の多数往来する近世も主要街道は遊女たちの格好の稼ぎ場であり、宿場町には多数の飯盛女《めしもりおんな》(飯売女)とよばれる遊女が働いていた。しかし、江戸幕府は元々、遊女が宿場町で働くことをよしとしていたのではなかった。幕府は、五街道の宿場町は往来する参勤交代の大名や、公用の幕府の役人たちが宿泊する清浄な宿泊地であるべきと捉えていた。このため幕府は、宿場町で遊女を置くことを厳しく禁止しようとしており、万治二年(一六五九)に禁令を出したほか、寛文七年(一六六七)には神奈川宿の遊女を抱えたり、預かっていた者を磔《はりつけ》、獄門にしている(『岐阜県史』史料編近世七)。

だが、遊女抱え置きの禁令は結局徹底できなかった。宿場町は、客に食事などの世話をする飯盛女として遊女を抱え、彼女らの数を増やしていった。人の本性にもとづく欲望を厳しく押さえ付けることはなかなか難しかったのである。また、宿場町には公定の低駄賃で人馬を提供させていたが、その負担が増大していたため、代償のためにも幕府は享保三年（一七一八）に、旅籠屋一軒に二人の制限にて飯盛女の抱え置きを許すことになり、この規定が以後の飯盛女の召し抱え基準となった。

近世後期になると一段と多くの旅人が街道を行き来するようになる。彼らを相手とする飯盛女はさらに増加することになる。たとえば、中山道長窪宿では、安永九年（一七八〇）の飯盛女は三人にすぎなかったのが、文化八年（一八一一）に二一人、文久二年（一八六二）には七六人にもなった（『上田小県誌』歴史編下）。このような飯盛女の増加は飯盛旅籠の増加だけではなく、同旅籠による規定外の召し抱えにもよったため、たびたび取締りで処罰される旅籠を出した。品川・千住・板橋・内藤新宿の四宿は、江戸の出入り口で御用交通の負担が大きいために、明和年間（一七六四〜七二）に幕府から特別に他宿よりも多い飯盛女が許された。このため品川の場合は一宿で五〇〇人、千住・板橋・内藤新宿はそれぞれ一五〇人という多数の飯盛女が抱えられることになるなど（『徳川禁令考』前集六、ほか）、単なる宿場町というよりも、江戸の場末の歓楽街的要素も備えて、四宿は賑わった。

品川の繁盛を記した『皇都午睡』によると、往来は行き交う貴賤の旅人で賑わい、遊女屋はいずれも大きく、表の間は板敷きの玄関構え、店の片側に勘定場を設け、また中庭・泉水廊下を配して、琴・三味線の音が聞こえ、品川の飯盛旅籠は、街道の中でも一番と記している。品川ならずとも他の宿場町でも、飯盛旅籠の中には立派な家を構える所が多く、夜間には客や飯盛女の嬌声や、三味線などの音により、宿場町の賑わいを一段とかき立て、猥雑な雰囲気を宿場町にもたらした。また、助郷勤めに出る周辺農村の若者へ悪影響を及ぼすことで、周辺村々の悩みの種となっていた。

田中丘隅《きゅうぐ》は、飯盛旅籠の経営は一般の旅籠屋と違い利益が大きく、経営者は奢侈《しゃし》に走りすぐ潰れると記しているが（『民間省要』）、飯盛旅籠では飯盛女の欠落や客と店のトラブルなど、扱いの難しいさまざまな出来事が引き起こされ、一般の農民・町人では飯盛旅籠を経営しがたいところがある。しかし、少なくとも江戸周辺の宿場町では、店頭《たながしら》と呼ばれる者が飯盛旅籠を掌握して、飯盛旅籠屋をめぐって生じるトラブルを扱い、宿場町でにらみをきかしていたことも忘れてはならない。

単身赴任と旅妻

江戸は、女性よりも男性の数が非常に多い男性社会であった。大名は江戸に藩邸を構えたために、家族を国元に残した多数の武士が藩邸に居住していた。武家だけではなく町人の場合も、上方に本店のある大店が多いために、江戸店《だな》の奉公人たちは家族持ちの者も単身で勤めていた。江戸の吉原や江戸入り口の品川などの四宿は、こうした単身赴任の藩士や商家の奉公人たちをも相手にして繁盛したのであった。

また、漁場開発などにより、中期以降に本土から多数の人が入った蝦夷地《えぞち》も、男性社会となった。天明期（一七八一～八九）の江差は、近江商人・越前商人などが出店を多数出しており、江戸以北で家並み・人物・言葉がそろって良い所で江差と松前に及ぶ所はないと古川古松軒が記すほどになっている（『東遊雑記』）。ニシン・昆布その他の産物を商うこうした出店が江差の経済を支えるとともに、産物の売買に従事しない、漁労などの出稼ぎに来る人々もいた。また、湊に出入りする多数の廻船の船乗りをも相手にでき、江差に多数の遊女がいたことも古松軒はわざわざ記している。

ほかに、遠方の島を領地としていた薩摩藩では、藩士を派遣して島の統治をしたが、派遣された藩士の生活の世話は現地の女性に当たらせていたという。勤番の期間は短期間ではなく三年に及ぶため、この間に身の回りの世話をさせた現地の女性と夫婦のようになることもあり、このため彼女らを旅妻と呼んだ。なかには子をもうける場合もあり、出生した男子については、藩の許可がでれば家を継ぐことも可能であったという。たとえ女子の場合でも、生まれた子は日本種とよばれて、島の人々は喜んだという（『甲子夜話続編』）。

さらに、勤番が派遣されている島へは流罪人も送り込まれたが、政治向きの処分により流罪にされた藩士の世話にも島の娘が当てられた。藩士の世話をする娘を出すことが慣習化していることは、藩の厳しい支配のあり方に加えて、島には娘の十分な働き口がないことも一因になっているとみられる。薩摩藩の政争の「秩父崩れ」により島流しにされた田代清太は、常という女性に身の回りの面倒をみてもらっていたが、両人の間には二人の娘が生まれている。清太は早死にしたが、大切の御士様へ奉公して、娘を貰ったうえは子供らを粗末にしてはならないと、彼女はその後も独身をつらぬき子供を育てたという（『遠島日記』）。薩摩藩の厳しい身分制と離島に住むという島の人々の気持が、藩士を御士様とする感情を育み、また生まれた男子に父親の家督を継がせることもあると考えられたことが、島の娘を献身的な旅妻にしたのであった。

飯盛り女と堕胎・間引き

江戸から越後よりの関東の宿場町には越後出身の飯盛女が多かったが、もともと越後の女性が多いわけではなかった。日光街道の越谷宿内の大沢町では、元禄・享保期までは江戸の女性が多く、その後に越後出身の女性が増えたという（「大沢町古馬筥」『越谷市史』史料二）。

元禄・享保以降の越後では、大家族による農業ではなく、夫婦を単位にした農業経営を行う小農経営が増加していった。新たに登場した家々は、大河川の流域に開発された土地に暮らしたため、洪水などの被害をたびたび受け、またこうした経営は、労働力が少ないために家族の誰かが病気となると、経営が立ち行かなくなる難しさをもった。そのうえ越後では浄土真宗の信者が多く、中期以降の北関東や東北で広くみられた堕胎・間引きをほとんど行わなかったために、農家では子供の数が多かったが、この時期には農家が分家を出すのが難しくなり、農民の暮らし向きは一段と厳しくなっていた。

また、越中・加賀も門徒が多く、農村では過剰な人口を抱えたが、加賀藩は領民の出国統制が比較的厳しかった。一方、越後は中小藩や幕府領が入り組む土地のため、人の移動を取り締まり、人の流れを止めるのが難しかった。このため滞った年貢を払うために、せっかく間引き・堕胎を逃れた越後の農家の娘たち多数が、関東の宿場町の飯盛女として売り払われ、生き地獄の中に暮らすことになってしまったのであった。

飯盛女や遊女は、子供を生んでは借金を返せないので当然注意をするが、子供ができてしまうこともある。ところが、堕胎された子供の実態はなかなかつかみにくい。寺院の過去帳がひとつの手掛かりとなるが、現在、過去帳は公開されなくなっているので、かつて過去帳をもとにして調べた報告を探すと、甲州街道府中新宿のある寺院の過去帳に、天保九年（一八三八）から明治五年（一八七二）までに飯盛旅籠杉島屋の飯盛女の水子六名と流産一名が記載されていることが紹介されていた（『府中市史』上）。

当時の堕胎技術では、母体を大変に痛めることになるし、堕胎などしなくても、彼女らの生活は不規則で肉体的消耗が激しい。また、不健康な環境で暮らしているために健康を損ねやすく、彼女らの寿命は当然に短くなった。そのうえ、客や抱え主、また同僚との関係にさまざまな気を配る必要もあり、精神的疲労も激しく、なかには自殺に追い込まれたり、「曾根崎心中」その他の芝居の影響もあって、身請けのできない好きな客と心中に及ぶ女性もいるなど（『品川町史』中）、刹那的な享楽の中に彼女らは死と向かい合う厳しい日々を過ごしていたのである。

旅の時代と地域社会

旅の時代

弥生時代以前の日本列島に暮らした人々は、狩猟採取生活に依存したために、特定の土地に定住することがないと信じられてきた。しかし、近年の発掘の成果により、狩猟採取により非定着的暮らしをしてきたとこれまで考えられてきた縄文人も、東北・北海道の一部では定住生活をしていたといわれるようになった。だが、農業により各地に定着したといわれる弥生時代以降の農民でさえも、その生活は絶えず災害に脅かされ、不安定で、代々同じ場所に住み着くことは容易ではない所が多かった。遍歴していた商工業者が町場へ定住し、農民も代々同じ村に定住し暮らす社会は江戸時代に作り上げられ、近年までこうした定住時代が続いてきたのであった。農民たちが代々同じ村に住む定住性の安定した社会は、移住を妨げる領主による規制によって作り上げられた面も無視できないが、基本的には転住しないでもすむ条件が生み出されたからである。とりわけ農業における前代に比べた安定化が、治水事業の伸展や農産物の品種改良、栽培技術の向上、収入増加をもたらす商品作物の栽培や、副業としての他の商品生産を可能にする条件の形成によりもたらされたことを忘れてはならない。

近世社会でも寒冷化その他の気候変動により、多くの農民の暮らしを支えた稲作が打撃を受け、たびたび凶作や飢饉がもたらされ、多数の農民や零細な町人の命が奪われた。天明飢饉の際に東北を旅した菅江《すがえ》真澄《ますみ》は、飢饉の惨禍から逃れるために村を捨て、他領へ逃れていく多数の農民をみることになった。しかし、平穏な日々も多く、農村でも商品経済が進展し、またそれに伴う三都・城下町以外の都市発展も著しく、その成果が農民・町人の寺社参詣の旅の展開をもたらし、後期には寺社参詣よりも名所や三都の芝居見物などを目的とした遊山旅を増大させた。統一政権の全国支配のために、日本列島の主要街道を旅する限り安全な環境が幕府や諸大名により整えられた点も大きいが、社会の経済発展に伴い日本史の中で初めて各地に暮らす庶民が旅する時代となり、現代における観光の旅の起源ともなる遊山旅を生み出した。さらに、この近世社会の基礎単位の村・町は、神仏や病人・盲人などの旅も支え、定住の時代の江戸時代はまさに旅の時代でもあったのである。

また、旅の時代は出稼ぎ・旅稼ぎの時代でもあり、移動の時代でもあった。農村の二、三男や娘たちは、三都や領内の町場へ多数が奉公に出かけ、また結婚により領内の他町村へ移り住むだけではなく、転居する者も後に増えていった。都市経済の発展や農村経済の安定化、そして旅する環境の整備は、積雪地帯や水害常習地帯の農村、また耕地や漁場の限られた浦方地域や半島・島嶼に暮らす人々が出稼ぎにより暮らしを立てることを可能にした。近年とりわけ、その経済発展のあり方について再検討が求められている半島の場合、全国的海運の発展により、廻船の寄港により賑わう湊町も登場した。ただし、このような湊町は、現代のような僻地というイメージで捉えられるような所ではないが、そうした湊町の発展も地域内の商品経済の発展に支えられたものではないために、水主《かこ》稼ぎも含めて、出稼ぎに依存しなければならない者が多く半島地域から出たことは無視できない。いずれにしても、右に記した地域では、その土地では本来定住できない二、三男出自の家族の人々も旅稼ぎがその土地へ止まらせることを可能にした。

加えて、旅の時代は、当然ながら女性・子供の社会的弱者も旅へ誘うことになった。世間で見聞を広め、遠方の見知らぬ多くの人と接触して、場合によっては困難も味わう参宮などの遠隔地への旅を若者がすることを通過儀礼として認める時代となったのである。女性の場合も男性同様に、経済的に恵まれた家の女性を主にして、後期には多くの町人や農民の女性も男性に伴われて旅を行うようになった。他人から突出する変人ではなく、人並みに生きることを強いられた狭い村社会の中から解放されて、寺社参詣が一段落した旅先で精進落としと称して羽をのばした遊山旅の男性と同様に、男性に同行する女性も寺社参詣・名所見物や名物の飲食による楽しみに加えて、後期には無手形旅の少なくない女性が関所抜け・関所破りを行い、結果として大変なスリルを味わい、日常の鬱屈から解放されていた。

そして、旅の一般化と旅人が多数存在したことは、零細な家の病身の人々や差別を受けて暮らしていた人々がよその土地で巡礼・廻国人として合力・喜捨を受けながら暮らす生活を可能にさせた。また浪人も街道筋で謡により合力をえるようになった。偽巡礼・偽廻国人が凶作・飢饉を契機に増加していくことになり、全国各地の村・町を訪れることになる。逃亡する一揆頭取や犯罪者また越訴《おっそ》する農民は、増加した参宮者や巡礼の中に紛れ込むことが可能となった。

学芸・武芸を研鑽するために旅は必要なこととされ、とりわけ江戸時代も後期の十九世紀になると、各地の人々が一段と文芸や学問にも大きな関心を持つようになり、行脚、その他の学芸者・文人を迎え入れていた。また、地方でも娯楽のための芝居・相撲などが盛んとなり、旅芸人や相撲取りなども歓迎された。行脚・俳諧師・学芸者・文人として臨めば、土地の人から受け入れられる土壌ができていたのである。たとえば、甲州一揆の指導者兵助は逃亡の旅先で算学を教え、最後には町場であるが木更津で寺子屋を開いて暮らしていた。このように、地元の教育・文化に貢献する人々ならば、当然ではあるが閉鎖的とされる村々でも受け入れられたのである。また、旅芸人が紹介状を持参して旅したように、人と人とのつながりのネットワークを利用することにより、俳諧師その他の学芸者が村の中に入り込むことも不可能ではなかった。もっとも、旅芸人のように、村・町の一般の人々とのネットワークに入らずとも各地を旅することは可能であり、このような旅の回路ができていた。武者修行者は彼らがもっぱら利用する宿を使い、また道場自体を訪ねて回れば、各地への旅ができ、やくざ者や犯罪者ですら同業者・同類の者を訪ねることにより各地を旅することができたのである。

旅の者・移民と地域社会

旅は文化・情報を各地へもたらした。参勤交代は江戸の文化を各地へ伝え、参宮は江戸や上方の文化を各地へもたらし、また行商人や遍歴する人々も各村々へ情報をもたらした。テレビ・ラジオ・新聞のない時代に村・町を訪れる旅人は、大変貴重な情報源であり歓迎される要素を持っていたのである。旅の僧の場合などは、真宗地帯ですら弘法大師信仰もあって、奇跡や奇跡的な技術・技法をもたらす者がいることが信じられたが、恩恵ばかりを旅人すべてがもたらすものではなく、流行病は旅人とともに村へ入ると観念された。また、合力を乞う偽巡礼・廻国人や浪人が増大して、後期の村々の負担となり、さらに不審な人物も当然まじっていることがあった。そして、宝暦や天明の飢饉以後には、離村し巡礼・廻国する旅人の群れに投じた人々が増大し、また浪人も化政期には村を回り合力を求める者が増大していたが、本書では、こうした旅人への対応に注意してみてきた。たとえば、関東農村では増大していた長脇差のやくざ者などはどうにもならないものの、増大する合力層への対応として、村々では彼らの排除に努めるとともに、そのためにも村々の結合を強化させていった。また、非常時の際に不審な出来事が頻発し、なかなか犯人が見つからない場合は、問題の処理のために旅人や旅の者を犯人にして処理してしまう残酷さを示した。もっとも、村・町の人々自身の命が脅かされる場合でないときには、旅人の犯罪者へも余裕のある対応ができ、小林一茶が書き残してくれた盗人の旅人に対する興味深い習俗のある村も見られたのであった。ただ、いずれにしても困窮した貧しい人々の生活の面倒をみることができずに元来村から排除したともいえる合力する遍歴旅人を、村が寛大に受け入れることはありえなかった。

江戸時代は、他国の者が村方に新たに土地を所持して定住することはほとんどみられない時代であるが、村へ住み着いたよそ者への対処の事例として、真宗寺院の手引きで北関東・東北へ移民した北陸移民の処遇について本書では取り上げた。高持といっても移民農民は新百姓として差別をされることになったし、彼らに対する差別はなかなか解消されなかったが、その理由に地元の人々と生活習俗が異質のままであったことや、地元の農民と婚姻関係をもたないことなどがあったという。この背景には信仰の相違があったが、また、合力を求める宗教者の排除が、別の信仰の熱烈な信者により行われることもみた。信仰にもとづく暮らしのあり方によっては、他宗派の人々との関わりを難しくすることがあったのは間違いないが、移民の北陸農民が旧住民よりも経済的に豊かになっても、新百姓として長い間、村社会で差別されてきたといわれているのは、近世の身分制が身分内にさらに身分をつくりあげる構造をもち、住民内の出身や生業・信仰・生活習俗その他の区別・差異を社会関係の上下序列構造に位置づけさせてしまう結果といえよう。

これからの時代の日本の社会は、さまざまな信仰や生活慣習を持った、多様な民族の人が互いに向き合って暮らしていかなければならない。江戸期社会の持った古い要素を残した近年までのように、異質なものを排除したり、区別・差別するのではなく、地域社会において外国人も含む旅の者や移住者の持つ異質なものの尊重と理解が当然ながら大事とされることは言うまでもない。こうした異質なものとのたえざる接触が異質なものの尊重と理解のうえに行われてこそ、今後の日本社会を支える独創的な文化も生まれてくるのであろう。

あとがき

正月やゴールデンウイーク・夏休みなどのたびにテレビニュースは海外旅行へ日本人が多数出かけることや、彼らの帰国ラッシュの状況を伝えている。ある程度の日程のやりくりさえつけば、海外旅行も含めた旅行に出かけることを考えるというのが、現在における普通の日本人のあり方であろう。現代日本人の余暇の過ごし方のなかでも旅すること、旅行は一段と重要な位置をしめており、このため近年は旅に関する一般読者を対象にした本が数多く刊行されているように思う。旅関係の本を見るにつけ、機会があれば論文集以外の一般向けの旅の本を書いてみたいと考えていた。筆者は近世の交通史と都市史を対象に大学院の学生時代から勉強してきており、交通史の論文ではじめて活字にしたのが本書でも若干取り上げた子供の抜参りについての論文である。その後、近世社会の理解のためにも近世交通の骨組み、ハード面の研究も必要と考えて、陸上交通の骨格となる交通体系の研究を行い、あわせてソフト面となる旅その他の論文を発表し、ともに近年刊行した論文集の『幕藩制下陸上交通の研究』(吉川弘文館刊)・『近世女性旅と街道交通』(桂書房刊)にまとめたものの、これまで旅に関する一般書を執筆したことがなかった。

幸い、今回機会を与えていただいたので、これまで筆者が発表してきた旅と旅人関係の論文の延長線にあるようなものに本書をまとめようとした。このため二〇年前に発表した抜参りの論文で対象にした子供のように、女性や施しを受けて旅する旅人という、社会的弱者・周縁階層といわれる人々を重視して、プロローグに記したような観点から本書をまとめた。しかし、本書の場合、近世の旅自体の具体的な様相については、筆者が関心を持つ限りではあるが、主要な点については取り上げたと考えるものの、紙幅の関係もあって十分には記していない。いずれ機会があれば詳細に旅の実態をまとめたような本も書いてみたいと考えている。

本書執筆に当たっては、これまで多くの方から史料・文献閲覧のうえでお世話になったことが、大きな力となった。また、多くの方のお仕事にも学んでいる。この一、二年の間にたびたび拙著刊行のうえでお世話になりながら、さらに本書でもご面倒をおかけした吉川弘文館の関係者の方や、そのほかにも研究その他さまざまな点でこれまでお世話になった多くの方々に末筆ながら御礼申し上げたい。

なお、参考とした研究や史料・文献は本文内に典拠として示したが、失念のため記載漏れとなったものもあるかもしれない。そのようなものがもしあれば、補訂の機会が与えられた際に補うことにしたい。

一九九六年一〇月

深　井　甚　三

著者紹介

一九四九年、埼玉県生まれ
一九七八年、東北大学大学院文学研究科博士後期課程終了
現在富山大学教授

主要著書
図翁 遠近道印―元禄時代の絵図作者　幕藩制下陸上交通の研究　近世の地方都市と町人　近世女性旅と街道交通

歴史文化ライブラリー
9

江戸の旅人たち

一九九七年二月一日　第一刷発行
一九九七年四月一日　第二刷発行

著　者　深《ふか》井《い》甚《じん》三《ぞう》

発行者　吉川圭三

発行所　株式会社 吉川弘文館
東京都文京区本郷七丁目二番八号
郵便番号一一三
電話〇三―三八一三―九一五一〈代表〉
振替口座〇〇一〇〇―五―二四四

印刷＝平文社　製本＝ナショナル製本
装幀＝山崎 登（日本デザインセンター）

歴史文化ライブラリー

1996.10

刊行のことば

現今の日本および国際社会は、さまざまな面で大変動の時代を迎えておりますが、近づきつつある二十一世紀は人類史の到達点として、物質的な繁栄のみならず文化や自然・社会環境を謳歌できる平和な社会でなければなりません。しかしながら高度成長・技術革新にともなう急激な変貌は「自己本位な刹那主義」の風潮を生みだし、先人が築いてきた歴史や文化に学ぶ余裕もなく、いまだ明るい人類の将来が展望できていないようにも見えます。このような状況を踏まえ、よりよい二十一世紀社会を築くために、人類誕生から現在に至る「人類の遺産・教訓」としてのあらゆる分野の歴史と文化を「歴史文化ライブラリー」として刊行することといたしました。

小社は、安政四年(一八五七)の創業以来、一貫して歴史学を中心とした専門出版社として書籍を刊行しつづけてまいりました。その経験を生かし、学問成果にもとづいた本叢書を刊行し社会的要請に応えて行きたいと考えております。

現代は、マスメディアが発達した高度情報化社会といわれますが、私どもはあくまでも活字を主体とした出版こそ、ものの本質を考える基礎と信じ、本叢書をとおして社会に訴えてまいりたいと思います。これから生まれでる一冊一冊が、それぞれの読者を知的冒険の旅へと誘い、希望に満ちた人類の未来を構築する糧となれば幸いです。

吉川弘文館

〈オンデマンド版〉
江戸の旅人たち

On Demand
歴史文化ライブラリー
9

2017年（平成29）10月1日　発行

著　者　深《ふか》井《い》甚《じん》三《ぞう》
発行者　吉川道郎
発行所　株式会社　吉川弘文館
〒113-0033　東京都文京区本郷7丁目2番8号
TEL　03-3813-9151〈代表〉
URL　http://www.yoshikawa-k.co.jp/

印刷・製本　大日本印刷株式会社
装　幀　清水良洋・宮崎萌美

深井甚三（1949～）

ISBN978-4-642-75409-5